송대 신유학의

자연 개념 연구

A Study of the Nature Concept of Neo-Confucianism in Song Age

송대 신유학의
자연 개념 연구

A Study of the Nature Concept of Neo-Confucianism in Song Age

김원열 지음

한국학술정보㈜

머리말

　이번에 '송대 신유학의 자연 개념 연구'라는 학술서를 내면서, 가장 먼저 떠오르는 생각은 자연 환경과 인류의 생존 문제다. 자연 환경은 인류에게 매우 중요한 생존 기반이다. 사회 환경과 마찬가지로 자연 환경이 없다면 인간은 더 이상 존재할 수도 살아갈 수도 없기 때문이다. 그렇다고 자연 환경이 인간에게 항상 우호적이었던 것은 아니다. 홍수나 가뭄 등과 같은 자연 환경 속에서 인간은 혹독한 시련을 견디거나 이겨내야 했다. 다시 말해 지구상에 인류가 존재한 이래로 자연 환경은 인류에게 한편으로 생존의 근거이기도 했지만, 다른 한편으로는 생존을 위협하는 것이기도 했다. 자연 환경과의 대면에서 인간은 그 엄청난 힘에 굴복하여 자연을 숭배하기도 했고, 자연과의 첨예한 대결 속에서 그 법칙을 인식하고 인간 자신을 위해 적극적으로 자연 법칙을 이용하기도 했다. 그 과정에서 인간은 다양한 문화와 문명 그리고 각종 철학과 사상을 형성하게 된 것이다.

　사실 인간 자체가 자연에게는 매우 버거운 존재임에 틀림없다. 인류가 도시 문명을 건설하였던 곳은 어김없이 자연을 파괴하는 형태였기 때문이다. 그런데 과거와 현재의 자연 파괴의 정도는 비교가 안 될 만큼 크게 달라졌다. 예컨대 과거의 자연 파괴는 부분적이고 일면적이었기에 자연의 정화 능력이 충분히 감당 가능했지만, 오늘날의 자연 파괴는 전면적이고 전체적인 연쇄 작용으로 자연은 속수무책으로 붕괴될 수밖에 없게 된 것이다. 그 원인들 가운데 가장 중요한 것은 산업자본주의의 생산 양식이다. 과거의 생산 양식들은 비교적 자연 친화적인 체계인데 반해, 산업자본주의의 생산 양식은 구조적으로 자연을 무자비하게 착취하는 식으로 개발하여 결국 자연의 조화와 균형을 깨뜨리고 인간의 생존조차 위협하는 결과를 초래한다. 이런 위기의 상황에서 자연 환경의 문제를 심각하게 여기고 그 문제를 해결하기 위해 여러 가지 노력을 기울이는 사람들이 늘고 있는 것은 바람직한 현상이다.

이 연구는 자연 환경에 관한 문제 의식을 바탕으로 한다. 연구의 주요 대상은 동북아시아의 전통 문화의 핵심인 송대 신유학이다. 이 연구는 송대 신유학의 철학과 사상이 자연과 인간의 유기적 관계를 중시하는 유기체론이라는 점을 논증하고, 그것을 비판적으로 평가한 결과다. 송대 신유학의 자연 개념을 다루기에 앞서 우선 중국 고대의 자연 인식의 유형을 원시, 주술, 과학으로 나누어 살펴보았다. 그리고 자연과 인간의 보편성과 특수성의 측면에서 송대 신유학의 기(氣)와 이(理) 개념을 분석한 후, 송대 신유학의 자연 개념이 존재 전체, 상보 관계, 위계 구조를 특징으로 한다는 점을 논증하였다. 그리고 자연 개념에 기초한 송대 신유학에 대해 자연과 인간의 절충, 보편과 특수의 문제, 봉건지배의 이념적 근거라는 점을 비판하였다.

최근 집중하고 있는 연구 주제들 가운데 하나는 '지속가능한 발전'(sustainable development) 개념과 담론이다. 이 개념은 수많은 규정에도 불구하고 아직도 대다수 사람들이 인정하는 개념 규정에 도달하지 못하고 있다. 또한 이 담론도 무성하지만 이론적으로 정립의 단계에 이르지 못하고 있다. 나는 특히 자연 개념과 담론이 시대에 따라 사회에 따라 다르게 인식되어온 것, 즉 자연 패러다임의 변화에 주목하고 있다. 이 과정에서 1997년 성균관대에서 석사학위를 받은 이 논문 및 관련 문헌들을 다시 살펴보게 되었다. 그리고 동북아시아의 전통 사상 가운데 송대 신유학의 자연 개념에 관한 비판적 논의가 여전히 부족한 현실에서 이 논문을 출판할 필요가 있다고 여겼고 이에 따라 단행본으로 출판하게 된 것이다. 이 단행본의 내용은 논문 그대로 변화가 없지만, 형식에서는 본문의 한자를 모두 한글과 병기하여 읽기 쉽게 만들었다.

책을 내면 항상 그렇듯이 지금까지 내게 큰 힘이 되어준 수많은 분들이 떠오른다. 이 자리에서 그 분들을 떠올리며 좀 더 연구에 매진하는 것이 소중한 인연에 대해 고마움을 표현하는 방법이라 생각한다. 머리말을 마무리하며 앞으로 '지속가능한 발전' 개념과 담론에 관한 연구를 계속 진행할 예정임을 밝혀둔다. 그래서 '지속가능한 발전'을 자연뿐만 아니라 사회의 측면에서도 연구하여, 그 연구의 결과를 다시 새로운 저술로 출판할 예정이다. 왜냐하면 '지속가능한 발전'은 경우에 따라서는 지극히 보수적으로 해석될 수도 있는 위험을 감지하였고, 그래서 부지런히 '지속가능한 발전'을 연구하여 사회 양극화에 대한 미래지향적인 진보의 대안으로서 검토할 필요를 절감했기 때문이다.

2007년 12월 31일

겨울의 깊어가는 밤
삼각산 기슭에서

김 원 열

목 차

제 1 장

서 론

제1절 연구의 목적

이 연구의 목적은 송대 신유학(宋代 新儒學)을 중심으로 유기체적 자연 개념(有機體的 自然 槪念)을 체계적으로 분석하여, 그 현대적 의미를 비판적으로 검토하는 것이다. 여기서 주요 연구 대상으로 송대 신유학의 자연 개념을 설정한 이유는 다음과 같다. 첫째, 송대 신유학의 자연 개념은 현대 환경 운동에서 제기되고 있는 생태학적 자연 개념과 매우 유사하다. 예를 들어 송대 신유학과 현대 생태주의는 유기체론(有機體論, Organism)의 지평에서 서로 밀접한 관계를 형성하고 있는 것이다. 따라서 심각한 현대 환경문제와 연관해서 송대 신유학의 유기체적 자연 개념에 대한 체계적인 검토가 필요하다. 그리고 둘째, 송대 신유학의 자연 개념은 중국뿐만 아니라 중세 동아시아의 자연인식을 대표하는 전형적인 전통 사유체계이다. 다시 말해 송대 신유학은 '전통(傳統, Tradition)과 근대(近代, Modernity)'의 사상적 긴장 속에서 전통이라는 거대한 축을 구성하고 있는 것이다. 그러므로 전통 사상에 대한 비판적 검토라는 측면에서 송대 신유학의 자연 개념은 충분히 연구할 만한 가치가 있다.

현대 문명은 심각한 환경 위기(環境 危機)에 직면해 있다.[1] 특히 인간이 노동(勞動, Arbiet)을 통해 자연 환경을 적극적으로 개발한 결과, 한편으로는 풍요로운 경제적 삶을 영위할 수 있는 물질적 토대가 마련되었다. 그러나 다른 한편으로는 환경오염이 자연 생태계의 자정 능력(自淨 能力)을 훨씬 초과하게 되었다. 현대 환경 위기의 심각성은 환경오염이 단지 자연에 국한되는 것이 아니라 인류 자신의 생존조차 위협한다는 사실에 있다.

그런데 환경문제가 전면적으로 대두한 것은 자본주의의 전개 및 발달과 밀접한 관련이 있다. 다시 말해 대량생산과 대량소비가 특징인 공업화가 이루어질수록 자연 환경이 더욱 파괴되는 것이 일반적인 현상이라 할 수 있다. 따라서 산업혁명이 먼저 이루어진 서구 자본주의 국가에서 환경문제가 전면적인 사회적 문제로 등장한 것이다. 그리고 산업화가 전 세계적으로 확산됨에 따라 환경문제도 전지구적인 해결과제로 떠오르게 되었다.[2]

이러한 가운데 심각한 환경문제에 대한 수많은 논의가 활성화되고

---

1) 일반적으로 '環境(Environment)'은 외연이 매우 넓은 개념이다. 예를 들어 환경 개념은 인간을 둘러싼 자연 환경, 사회적 환경, 그리고 문화적 환경 등과 같은 객관적 대상들을 모두 포괄하고 있는 것이다. 그런데 본 논문에서 주목하는 것은 '자연과 인간의 관계'이다. 따라서 특별한 설명이 없는 경우, '環境'은 自然 環境을 뜻하고, '環境 危機'는 바로 生態學的 危機를 의미한다.

2) 현대 환경문제에 관한 서적들 가운데 체계적으로 환경문제를 다룬 것은 다음을 참조하기 바란다. 최병두: 환경사회이론과 국제환경문제(서울: 한울, 1995), pp.88－116. 이정전: 녹색경제학(서울: 한길사, 1994), 특히 pp.97－126. 그리고 마르크스주의에 입각해서 환경문제의 해결을 모색한 것으로는 라이너 그룬트만: 마르크스주의와 생태학, 박만준·박준건 공역 (서울: 동녘, 1994), pp.67－143을 참조할 것. 또한 현대 환경문제가 전지구적 문제로 확대된 것은 최초 로마 클럽의 '성장의 한계(The Limits to Growth, 1972)' 이후 20년 만에 브라질의 리우 데 자네이루에서 개최되었던 '환경 및 개발에 관한 유엔회의(UNCED)', 즉 지구정상회담을 예로 들 수 있다.

있으며, 환경문제를 해결하기 위한 다각적인 노력이 진행되고 있다. 그런데 각종 이론들을 검토해보면, 환경문제의 발생 원인(發生 原因)에 대한 규명에서부터 환경문제의 구체적인 해결 방안(解決 方案)에 이르기까지 매우 다양한 논의가 전개되고 있음을 확인할 수 있다. 예를 들어 환경문제의 발생 원인에 대한 인식과 환경문제의 대안을 기준으로 할 경우, 현대 환경 이론의 흐름을 대체로 환경개량주의(環境改良主義), 순수생태주의(純粹生態主義), 사회주의적 생태주의(社會主義的 生態主義)로 나눌 수 있다.3) 그리고 그 다양한 논리를 살펴보면, 환경문제를 해결하려는 실천적 양태에 따라 객관적인 자연 환경에 대한 인식을 생태주의적 자연인식(生態主義的 自然認識), 과학기술적 자연인식(科學技術的 自然認識), 그리고 사회주의적 자연인식(社會構造的 自然認識) 등으로 분류할 수 있다.

여기서 자연 환경에 대한 인식은 일차적으로 인간의 실천 과정(實踐 過程)에서 형성되어, 환경문제를 구체적으로 해결해 나가는 가운데 심화되는 것이다. 그러나 현실적으로 환경운동의 차원에서 제기되는 환경이론들은 매우 다양하게 전개되고 있다는 점을 앞에서 확인할 수 있었다. 이러한 현상은 현대 환경문제를 해결하려는 환경이론들이 각각 자연에 대한 인식론적 기반을 달리하고 있는 것에서 비롯된다. 그런데 본 논문의 연구와 밀접한 관계가 있는 것은 다양한 환경이론들 가운데 생태주의적 자연인식(生態主義的 自然認識)이다. 이 생태주의적 자연인식은 생태중심주의(生態中心主義, Ecocentrism)4)라고도 불리며, 특히 인간과 자연의 유기적 관계(有機的 關係)에 주목한다.5)

---

3) 최병두: Ibid., pp.63 – 87.
4) 이정전: Op.cit., pp.104 – 115.
5) 생태계의 일반적 특징은 유진 오덤: 생태학, 이도원 외 역 (서울: 민음사, 1995), pp.59 – 92를 참고하고, 생태주의의 철학적 기초는 앤드루 돕슨:

이론적 차원에서 생태주의적 자연인식은 '인간과 자연의 조화'를 강조한다는 측면에서 전통적인 동양사상과 긴밀한 관련이 있다. 실제로 생태학적 세계관을 주장하는 사람들은 대부분 동양사상의 환경친화적 경향을 적극적으로 옹호하고 있으며, '신과학 운동'(新科學 運動)의 주창자인 프리초프 카프라(Fritjof Capra; 1938 -)도 동양의 전통 사상 가운데 신비주의(神秘主義)의 흐름과 현대 물리학(現代 物理學)의 새로운 경향을 연관지어 현대 문명의 돌파구를 모색하고 있는 것이다.[6]

여기서 동양 특히 동아시아의 전통 철학이 과연 현대 문명의 사상적 대안이 될 수 있는가의 문제는 진지하게 살펴볼 만한 가치가 있다. 더군다나 우리 사회의 정치적 상황을 고려할 때, 동아시아의 사상이 현대 환경문제의 해결에 필요한 새로운 세계관으로 재확립될 수 있는지에 대해서는 보다 철저한 검토가 필요한 것이다. 다시 말해 동아시아의 전통 사상에 대한 비판적 연구는 이 시대의 중요한 과제들 가운데 하나인 것이다.

그런데 생태학적 세계관이 유기체적 자연인식의 성립 및 발달과 내적 연관성이 있다는 사실에 주목할 필요가 있다. 일반적으로 근대 과학에 대한 비판 과정에서 성립한 유기체론(有機體論, Organism)은 생태학적 세계관과 매우 유사한 사상사적 배경을 바탕으로 하고 있다. 예를 들어 대표적인 유기체론의 선구자 알프레드 노스 화이트헤드(Alfred North Whitehead; 1861 - 1947)는 기계적 유물론에 대해 체계적인 비판을 가하고 있으며,[7] 생태학적 세계관을 강조하는 카프라

녹색정치사상, 정용화 역 (서울: 민음사, 1993), pp.52 - 91을 참조하라.
6) 카프라, 현대물리학과 동양사상, 이성범 외 역 (서울: 범양사, 1994), 309 - 328. 그리고 신과학 운동의 전반적인 이론체계와 개별과학의 경향에 대해서는, 신과학연구회 편: 신과학운동(서울: 범양사, 1986), pp.298 - 457을 참고할 것.
7) 화이트헤드: 과학과 근대세계, 오영환 역 (서울: 삼성출판사, 1982), pp.94 - 112.

(Capra)도 역시 상대성 이론(相對性 理論)과 불확정성 원리(不確定性 原理)를 통해 근대의 기계론적 세계관을 비판하고 있는 것이다.[8]

그러나 현대 물리학과 생물학의 영향을 받은 화이트헤드(Whitehead)의 유기체론 자체는 매우 논리적인 이론체계를 갖추고 있지만, 중국 사상에 대해서는 상당히 초보적인 단계의 이해에 머물고 있다.[9] 그리고 카프라(Capra)의 생태학적 세계관의 경우는 화이트헤드(Whitehead)의 유기체론과 비교하면 광범위한 영역에 걸쳐 중국의 신비주의 사상을 다루고 있지만,[10] 그의 관심이 주로 근대 문명을 대신할 수 있는 새로운 문명의 대안에 있기 때문에, 중국사상 자체에 대한 과학적 연구에 도달하지는 못하고 있다.

이에 반해 조셉 니담(Joseph Needham; 1900-1995)은 매우 치밀하게 중국문명을 대상으로 연구하여, 중국문명의 특징을 유기체론으로 규정하고, 그것의 현대적 의미를 부각시키고 있다.[11] 일반적으로 중국학(中國學, Sinology) 연구가 중국 사상을 엄밀한 학문의 대상으로 삼는 경우가 많지 않으며, 중국 사상을 인문 과학의 영역에 한정하는 학문적 풍토를 고려하면, 니담(Needham)의 연구는 매우 획기적인 과학적 시도라 할 수 있다. 왜냐하면 중국문명에 대한 니담(Needham)

---

8) 카프라: 새로운 과학과 문명의 전환, 이성범 외 역역 (서울: 범양사, 1985), pp.50-70.
9) 화이트헤드: Op.cit., p.38.
10) 카프라: 현대물리학과 동양사상, pp.117-143.
11) 참조. Joseph Needham: *Science and Civilisation in China* Vol.Ⅰ-Ⅲ (Cambridge: Cambridge University Press, 1954-1959). 이하 Joseph Needham의 *Science and Civilisation in China*를 인용할 경우 번거로움을 피하기 위해 SCC라 약칭한다. 이 가운데 특히 제Ⅱ권에 중국사상을 유기체론으로 규정하는 논리적 근거가 제시되고 있다. 그리고 Ⅲ권부터 Ⅶ권에 이르기까지, 매우 구체적인 중국의 과학기술사가 다루어지고 있음을 밝혀둔다. 참고로 국내에서는 *SCC* Ⅰ권과 Ⅱ권이 다음과 같은 세 권으로 나뉘어 번역되어 있다. 조셉 니담: 중국의 과학과 문명 1-3, 이석호 외 역 (서울: 을유문화사, 1985-1988).

의 연구는 중국의 인문과학(人文科學)과 자연과학(自然科學)을 총체적으로 파악한 연구이기 때문이다.

그런데 니담(Needham)의 체계적인 연구 성과 이후, 이에 필적할 만한 연구가 거의 없다는 점을 고려하면, 많은 중국 철학 연구자들이 인문과학과 자연과학에 대한 총체적 이해에 도달한다는 것이 매우 어려운 작업이라는 것을 다시 확인하게 된다. 이러한 현상은 중국의 철학사 연구 경향에서도 발견된다.[12] 특히 중국의 경우 니담(Needham)의 연구 성과에 관심을 보인 것은 최근에 와서야 가능하게 되었다.[13] 이러한 현상은 그동안 서구에서 유물론자(唯物論者, Materialist 특히 Marxist)로 평가받아 온 니담(Needham)의 연구가 중국 공산당의 공식적인 정책과 일치하지 않아 중국에서 주목을 받지 못하다가, 1989년 천안문 사태 이후 학계의 전반적인 위축 경향을 배경으로, 현실 정치와 일정한 거리감이 있는 도가 사상(道家 思想)에 대한 관심의 증폭 과정에서 비롯된 것이다.

중국사상에 대한 인문과학과 자연과학의 균열 현상은 단지 중국적 현상만은 아니다. 일본의 중국철학 연구에서도 예외가 아니며,[14] 우리의 중국철학 연구 경향도 인문과학과 자연과학의 단절을 극복하지 못하고 있는 실정이다. 예를 들어 현대 환경문제에 대한 우리 중국철학계의 사상적 대안을 살펴보면, 고전적인 인문학의 제약을 벗어나지 못하고 있음을 확인할 수 있다.[15] 이러한 상황에서 니담(Needham)이 과학사적 맥락에서 중국의 사상을 연구하는 데 필요한 몇 가지 조건

---

12) 劉夢義・陶德榮 共著: 中國當代哲學史橋(1987), 김문용 역 (서울: 이성과 현실사, 1991), pp.7−14, pp.57−69.

13) 董光璧: 當代新道家(1991), 도가를 찾아가는 과학자들, 이석명 역 (서울: 예문서원, 1994), pp.41−61.

14) 金谷治 외: 思想史(1967), 중국사상사, 조성을 역 (서울: 이론과 실천, 1986), pp.16−24.

15) 한국불교환경교육원 편: 동양사상과 환경문제 (서울: 모색, 1996), pp.5−7.

을 나열한 것16)은 중국의 과학사상을 탐구하기 위한 필수적인 전제 조건이란 점에서 매우 가치 있는 제안이다.17)

본 논문은 니담(Needham)의 연구를 비판적으로 수용하는 입장을 견지한다. 예를 들어 니담(Needham)은 중국 철학의 전체적인 흐름을 유기체론으로 파악하고 있는데, 거시적인 측면에서 볼 때 본인도 같은 견해이다. 그러나 세부적 측면에서는 니담(Needham)의 연구와 본 연구는 몇 가지 차이점이 있다. 첫째, 니담(Needham)의 연구가 주로 과학기술사적 측면에서 중국문명을 해부한 것이라면,18) 본 연구는 인식론적 측면에서 중국의 자연 개념을 분석한 것이다. 둘째, 니담(Needham)의 경우 중국 철학의 전개를 유기체론의 발생과 발달 과정으로 서술하고 있는데,19) 필자의 경우는 중국의 자연인식의 유형을 원시적, 주술적, 과학적 자연인식으로 분류하여 살펴봄으로써 중국 사상에 유기체론과는 다른 자연인식도 존재하였다는 점을 밝히고 있다. 그리고 마지막으로 니담(Needham)의 연구와 본 연구의 결정적인 차이는 유기체론에 대한 평가에 있다. 니담(Needham)이 중국의 전통사회 발전의 맥락에서 신유학의 유기체론을 긍정적으로 파악하고 있다면, 필자는 환경문제의 측면에서 신유학의 유기체론의 한계와 문제점을 비판적으로 파악하고 있다.

이와 같이 중국 사상에 대한 평가가 다르게 나타나는 근본적인

---

16) Joseph Needham: *SCC* Vol. I, p.6. 여기서 Needham은 과학자로서 과학사에 대한 풍부한 지식과 중국문화에 대한 폭넓은 이해, 그리고 중국어 능력과 중국인 학자와의 교류 등을 제시하고 있다.

17) 국내에서 비교 철학적 관점에서 유기체적 사유를 분석한 논문은 다음을 참조하라. 박상환: "유기체사유에 대한 비교 철학적 고찰", 대동문화연구 29 (서울: 성대 대동문화연구원, 1994).

18) Needham의 저서 *SCC* 가운데 제III권부터 제VII권까지는 구체적인 과학 분야인 수학, 천문학, 기상학, 지리학 등을 다루고 있다.

19) Joseph Needham: *SCC* Vol. II, pp.216−517.

원인은 니담(Needham)과 필자의 연구 방법에 차이가 있기 때문이다. 그리고 그 방법론적 차이라는 것이 사실은 각자가 처한 사회경제적 조건과 긴밀히 연관되어 있다는 점에 유념할 필요가 있다. 다시 말해 몇백 년 동안 근대 문명의 시행착오를 거친 사회와 아직도 근대 문명의 주변부에 위치한 사회는 각기 해결해야 할 구체적인 사회적 과제에 기본적인 차이가 있는 것이다.

본 논문은 이와 같은 문제의식을 보다 구체화시키고, 중국의 전통적인 자연 개념을 인식론적 측면에서 검토해 보고자 한다. 다시 말해 생태주의의 인식론적 기반이 유기체적 자연인식이라는 점에 주목하고, 중국의 전통 사상 가운데 특히 송대 신유학이 과학적 합리성과 현실 적합성을 지녔는지를 비판적으로 살펴보는 것이 본 논문의 목적이다. 이러한 이론적 탐색은 현대 환경문제의 대안인 생태주의와 연관해서 동아시아의 전통사상에 대한 비판적 해석을 시도하는 계기가 될 것이다.[20]

---

20) 현재 중국철학 연구의 경향을 살펴볼 때, 대부분의 연구가 이 시대의 사회적 문제의식과는 상관없이 형이상학적 관심에만 치우치는 관념적 연구경향이 있다. 물론 학문 특히 철학이 현실 그 자체인 것은 아니다. 그러나 인간은 사회적 관계를 떠나서는 존재할 수 없는 존재이므로, 이 시대의 절실한 문제와 긴밀히 연관된 철학적 탐색은 매우 의미 있는 학문연구의 자세인 것이다.

제2절 연구의 대상

본 논문의 주요 연구대상은 중국의 대표적인 중세 사상이라 할 수 있는 송대(宋代; 960-1279) 신유학(新儒學)의 자연(自然) 개념이다. 그리고 부차적인 연구 대상으로 송대 신유학의 자연 개념과 연관된 송대 이전의 자연 개념과 현대의 자연 개념이 폭넓게 검토될 것이다. 중국 고대 철학의 경우 도(道) 개념에 대한 분석을 통해 도(道)를 '자연법칙'으로 해석하여 고대 유가(儒家)와 도가(道家)의 자연 개념을 규명한 선행연구가 있지만,[21] 송대 신유학의 자연 개념에 대한 연구는 활발하게 이루어지지 못하고 있다. 여기서 우선 송대 사회의 일반적 특징에 대해 살펴볼 필요가 있다. 왜냐하면 송대 신유학의 형성은 당시의 사회경제적 배경과 밀접한 관계가 있기 때문이다.

중국의 역사에서 송대(宋代)는 대외적으로 끊임없는 침략에 시달리면서도 대내적으로는 상당히 높은 생산력에 도달한 시기라 할 수 있다. 예를 들어 송대에는 수많은 사람들이 북에서 남으로 이동했으며, 인구의 증가와 기술의 혁신으로 농업의 생산력이 비약적으로 증가하였다.[22] 또한 생산관계가 지주전호제로 확립되었으며, 상업과 도시가 매우 발달하였다.[23] 그리고 송(宋) 이전부터 성행하기 시작한

---

21) 양재혁: 장자와 모택동의 변증법 (서울: 이론과 실천, 1989), pp.21-92.
22) 구체적으로 인구증가의 통계를 살펴보면, 南宋의 인구는 1159년 1,680만 명에서 1179년 2,950여만 명으로 불과 20년 사이에 약 1.8배가 늘었다. 張傳璽 主編: 中國古代史綱 下 (北京: 北京大出版社, 1989), pp.242-245. 송대 인구통계의 정확성에 대해서는 의문의 여지가 있지만, 南宋 초기의 폭발적인 인구증가는 자연적인 출생 이외의 사회적 인구이동이 있었기에 가능했던 것이다.
23) 서울대동양사학연구실 편: 강좌중국사Ⅲ (서울: 지식산업사, 1989), pp.127-186.

경전의 인쇄가 송대(宋代)에 더욱 활성화되어,24) 문화와 과학의 수준이 매우 높은 단계에 이르게 되었다.25) 그러므로 송대 학문 특히 과학의 융성과 신유학의 출현은 당시의 경제력 발달과 문화적 고양을 바탕으로 성립할 수 있었던 것이다.

그런데 신유학(新儒學, Neo-Confucianism)의 외연(外延)은 송(宋), 송(宋)에서 명(明), 송(宋)에서 청(淸) 그리고 현대(現代)까지 다양하기 때문에, 본 논문은 송대(宋代) 신유학(新儒學)으로 연구 범위를 한정한다. 중국철학 가운데 신유학(新儒學)은 전통적으로 도학(道學), 이학(理學), 성리학(性理學) 등으로 불려진 새로운 유학(儒學)을 가리킨다. 신유학과 Neo-Confucianism이라는 명칭은 중국학(中國學, Sinology)의 성립과 밀접한 관련이 있다. 다시 말해 일반적으로 서양의 선교사에 의해 유학(儒學)이 선진유학(先秦儒學)과 구별 없이 Confucius(공자, 孔子)의 학문으로 번역 서양에 소개되었다가,26) 현대에 이르러 비로소 유학의 새로운 경향을 이전의 유학과 구별하여 신유학(新儒學), 즉 Neo-Confucianism이라고 하게 된 것이다. 송대(宋代) 유학(儒學)을 도학(道學)으로 이해하고,27) 서양 학계에 송대 신유학을 Neo-Confucianism이라고 소개한 대표적인 중국 철학자는 바로 풍우란(馮友蘭; 1895-1990)이다.28) 그리고 서양의 중국학 연구가 진행되면서 일반적

24) 자크 제르네: 전통중국인의 일상생활, 김영제 역 (서울: 신서원, 1995), pp.241-244.
25) Joseph Needham: *SCC* Vol. I, p.131, pp.132-139.
26) 유병구: "서구 근세사에 있어서의 중국 사상의 역할" (성대 박사학위논문, 1992), pp.51-58.
27) 馮友蘭: 中國哲學史 下 (北京: 中華書局, 1961), pp.800-927.
28) Fung, Yu-Lan: *A Short History of Chinese Philosophy* (New York: Macmillan, 1948), p266. 그리고 Fung, Yu-Lan: *A History of Chinese Philosophy* I-II, Derk Bodde, trans. (Princeton: Princeton University Press, 1937-1952)도 함께 참조할 필요가 있다. 풍우란과 Derk Bodde 는 서로 긴밀한 협조하에 중국철학사를 영어로 번역하는 가운데 중국의

으로 송대 유학을 Neo-Confucianism이라고 하였으며, 이것이 신유학으로 번역되어 관용적인 용어로 정착되기에 이른 것이다. 그런데 불필요한 논란을 피하기 위해 미리 밝혀둘 사실이 있다. 본 논문에서 신유학이라고 하는 것은 최근에 논란의 대상이 되고 있는 '유교부흥론(儒敎復興論)'이나 '유교자본주의론(儒敎資本主義論)'의 입장인 현대신유학(現代新儒學)과는 구별된다. 다시 말해 본 논문의 신유학은 '송대신유학(宋代新儒學)'이며, 유교부흥론의 신유학은 '현대신유학(現代新儒學)' 또는 '당대신유학(當代新儒學)'이다.29)

그런데 송대신유학(宋代新儒學)과 그 이전의 유학(儒學)은 기본적인 차이가 있다. 예를 들어 선진유학(先秦儒學) 또는 원시유학(原始儒學)이 주로 『시(詩)』와 『서(書)』를 중심으로 정치와 도덕의 이상(理想)을 강조했다면, 한당유학(漢唐儒學)은 중국적 봉건제 사회의 전개 과정에서 오경(五經)에 대한 훈고(訓詁)에 치중했던 것이다. 이에 반해 송대신유학(宋代新儒學)은 중국적 봉건제의 정점에서 사서(四書) 가운데 특히 『대학(大學)』과 『중용(中庸)』을 중심으로, 자연의 질서라는 형이상학적 논리를 이념화(理念化)하여 봉건적 신분질서의 정당성을 도모했다는 점에 차이가 있는 것이다.

다음으로 송대 신유학에 대한 선행 연구들을 검토해 보겠다. 송대 신유가의 저작 활동은 매우 활발하여, 문헌적으로 방대한 양의 자료를 남기고 있다. 예를 들어 송대 신유학을 집대성한 주희(朱熹, 1130-1200)만 해도 지칠 줄 모르는 편찬 작업에 일생을 바쳤다.30) 뿐만 아니라

철학 개념에 대한 비교 철학적 접근을 시도하고 있다.

29) 이 점에 대해서는 다음을 참조할 것. 정가동: 현대신유학, 한철연 논전 사분과 역 (서울: 예문서원, 1993), 특히 pp.18-20.

30) 주희의 주요 편집 작업은 다음과 같다. 謝上蔡先生語錄(1159), 論語要義(1163), 論語訓蒙口義(1163), 困學恐聞(1164), 程氏遺書(1165), 資治通鑑綱目(1173), 論語精義(1172), 八朝名臣言行錄(1172), 西銘解義(1172), 太極圖說解(1173), 通書解(1173), 程氏外書(1173), 伊洛淵源錄(1173), 古今

송대 신유학을 대상으로 도통의식(道通意識)에 입각한 송(宋)·원
(元)·명(明)·청(淸)대의 연구가 끊임없이 이루어졌다. 그리고 근대
이후의 연구 또한 양적으로 매우 방대하다고 할 수 있다. 또한 중국
철학의 다른 분야에 대한 연구와 비교해 볼 때, 특히 주희의 철학을
중심으로 하여, 송대 신유학에 대해 양적으로 상당한 연구성과가 축
적되어 있다.[31)

그런데 송대 신유학의 형성에 결정적인 기여를 한 대표적인 신유
가 주희의 철학에 대한 연구 가운데 인식론적 측면에서 송대 신유학
을 대상으로 한 연구는 드물다는 사실에 주목할 필요가 있다.[32) 더
욱이 그 방대한 주희 관련 논문들 속에서 주희의 자연 개념을 비판
적으로 연구한 것을 발견하기 어려운 상황이다.[33) 이러한 현상은 송
대 신유학의 자연 개념을 인식론적 측면에서 파악하는 것이 결코 쉽
지 않으며, 특히 송대 신유학의 자연 개념의 체계와 방법에 대한 연
구는 관심 밖이었다는 것을 알 수 있다.

이러한 연구 상황에서 송대 신유학을 중국 유기체론의 정점으로

家祭禮(1174), 近思錄(1175), 陰符經考異(1175), 論語集注(1177), 孟子集
注(1177), 論語或問(1177), 詩集傳(1177), 周易本義(1177), 易學啓蒙(1186),
孝經刊誤(1186), 小學(1187), 大學章句(1189), 中庸章句(1189), 大學或問
(1189), 四書章句集注(1190), 孟子要略(1192), 楚辭集注(1195), 儀禮經傳
通解(1196), 韓文考異(1197), 周易參同契考異(1197), 書集傳(1198), 楚辭
辯證(1199). 그리고 주희가 죽은 뒤, 제자들과 문인들, 후대 학자들에 의
해 朱子語類(1270), 朱文公文集(1483), 朱文公續集(1483) 등의 편집이 이
루어졌다. 이 밖에 朱子遺書, 朱子遺書二刻, 朱子全書, 朱子書節要, 朱
子文集, 朱子語錄類要도 주희의 사상과 연관된 출판물들이다. 참조. 張
立文: 朱熹思想硏究 (北京: 中國社會科學出版社, 1981), pp.82−87.

31) 주희 연구에 필요한 관련 자료는 1900년에서 1991년까지의 연구를 정
리한 다음 책을 참조하라. 林慶彰 主篇: 朱子學硏究書目 (臺北: 文津
出版社, 1992).

32) Ibid., p.75.

33) Loc. cit.

파악한 최초의 학자는 바로 니담(Needham)이다. 앞에서 밝혔듯이 본
논문은 니담(Needham)의 선행 연구를 바탕으로 한 것이다. 그런데
니담(Needham)의 연구는 중국의 전근대(前近代) 사상 전체를 포괄할
만큼 워낙 방대하여, 니담(Needham)의 연구 가운데 자연에 대한 송
대 신유학의 인식 체계와 방법을 찾아서 본 논문과 비교 검토하는
작업이 필요하다. 그런데 송대 신유학에 대해 니담(Needham)은 매우
긍정적으로 평가를 내리고 있지만,34) 본 논문은 송대 신유학의 유기체
적 자연인식을 논증한 다음, 그 현대적 의미를 비판적으로 검토하는
가운데, 송대 신유학의 자연 개념이 지닌 문제점들을 제시하고 있다.

  그런데 과학사상사적 맥락에서 송대 신유학 특히 주희의 자연관을
체계적으로 정리한 학자는 산전경아(山田慶兒; 1932-)라 할 수 있
다.35) 산전(山田)은 주희의 사상을 개별 과학으로 분류하여 과학사
상사적 의미를 추적하고 있다.36) 특히 『주자어류(朱子語類)』를 집중
적으로 분석한 산전(山田)의 연구는, 일본의 일반적인 연구경향이 주
로 한학적 연구(漢學的 研究), 철학적 연구(哲學的 研究), 사상사적
연구(思想史的 研究), 마르크스주의적 연구37)라는 점을 고려할 때,
신유학의 자연인식의 체계를 파악하는 데 많은 도움이 된다.38) 그러
나 본 논문의 연구와 비교하면 연구방법과 문제의식에서 서로 차이
가 있다고 할 수 있다. 예를 들어 산전(山田)은 주희의 자연관을 체
계적으로 정리하는 것에 의미를 두고 있지만,39) 본 논문은 주희의
자연인식의 특징뿐만 아니라 현대 환경문제의 대안 가능성까지 비판

34) Joseph Needham: *SCC* Vol.Ⅱ, pp.495-505.
35) 山田慶兒: 朱子の 自然學 (東京: 岩波書店, 1978). 국내 번역본은 다음
    과 같다. 山田慶兒: 주자의 자연학, 김석근 역 (서울: 통나무, 1991).
36) Ibid., pp.55-412.
37) 後藤延子: "朱子學研究の 現狀の 課題" (歷史學研究 421號, 1975), pp.28-33.
38) 山田慶兒: Op.cit., pp.413-472.
39) 山田慶兒: Op.cit., p.9.

적으로 검토한다.

그런데 중국의 경우 철학사에서 주희에 대한 연구가 주로 사회경
제적인 배경이나 세계관 그리고 철학적 체계를 중심으로 이루어지고
있을 뿐,[40] 신유학에 대한 과학사상사적 조명은 소홀하게 다루어지고
있는 실정이다. 그리고 주희 개인에 대한 연구는 매우 활발하지만,[41]
주희 철학의 자연인식에 대한 비판적 연구는 부족한 상황이다.

한편 국내 중국철학 연구는 한 철학자의 사상을 대상으로 한 것
이 주류를 이루고 있다.[42] 이와 같은 인물 중심의 연구는 연구의 대
상을 한정시킴으로써 보다 미시적인 분야를 철저하게 연구할 수 있
다는 장점이 있다. 그런데 이러한 연구경향은 기초적인 철학연구라
는 의의에도 불구하고, 중국철학의 연구 범위를 매우 협소하게 만들
었다. 또한 현대 사회의 제반 문제에 대한 실천적 의식이 희박한 개
념의 정리 수준에 머문 것도 일정한 한계라 할 수 있다. 만약 중국
철학에 대한 세계적인 연구성과를 염두에 둔다면, 구체적인 분야에
따라 차이는 있다 해도, 중국철학의 기초적인 연구는 대부분 일정한
수준에 도달했다고 할 수 있다. 따라서 본 연구는 서양의 중국학
(Sinology) 연구성과도 적극적으로 활용하고자 한다.[43]

그리고 본 논문은 논리적 맥락에서 필요할 경우 동서고금(東西古
今)의 다양한 철학사상을 거론하게 될 것이다. 왜냐하면 철학적 작
업이 동양과 서양, 과거와 현대를 이분법적으로 구분하여 어느 하나

---

40) 侯外廬 主編: 中國思想史綱 上 (北京: 中國靑年出版社, 1981), pp.496－505.
41) 林慶彰 主篇: Op.cit., pp.9－21.
42) 동양철학연구회: 동양철학연구 제7집 (서울: 여강출판사, 1986), pp.135－175.
　　成大大學院教學處: 大學院 要覽 (서울: 成大出版部, 1994), pp.231－550.
43) 서양의 중국학 연구의 현황에 대해서는 福井文雅: 歐米の 東洋學と 比
　　較論 (東京: 隆文館, 1991)을 참고할 것. 본 논문에서는 학술잡지 가운
　　데 주로 Philosophy East and West (Honolulu: University of Hawaii)를
　　참조하였음을 밝혀둔다.

에 집착한다면, 연구 범위를 너무 협소하게 만들 염려가 있기 때문이다. 그러므로 본 논문에서는 자연인식의 유형을 다루거나 유기체론의 주요개념을 역사적 맥락과 결부하여 분석할 경우, 중국의 송대 이외의 철학도 거론할 것이다. 다시 말해 한편으로는 송대 신유학을 중심으로 그 자연인식을 철저하게 분석하면서, 다른 한편으로 그 자연인식을 다른 사상체계와 비교 종합하는 과정을 거치게 될 것이다. 그러나 송대 신유학이 아닌 다른 사상이나 철학을 언급할 경우에도 어디까지나 주요 논의 대상은 송대 신유학의 자연 개념임을 다시 한번 밝혀둔다.

제3절 연구의 방법

전근대 사회(前近代 社會)의 철학 방법을 살펴보면, 일반적으로 분석(分析, Analysis)보다는 종합(綜合, Synthesis)을 중요시하는 경향이 있다. 예를 들어 중세 스콜라 철학(Scholastic Philosophy)의 종교적 독단주의(宗敎的 獨斷主義)나 송대 신유학의 사변적 절대이론(思辨的 絶對理論)이 전형적인 경우라 할 수 있다. 그런데 서양의 경우 중세 사회에서 근대 사회로 이행하면서 스콜라 철학의 종교적 독단주의가 극복되고 다양한 철학적 방법이 체계적으로 수립되었지만, 중국의 경우는 근대 사회로 이행하는 데 실패하여 제국주의 열강에 의해 근대 사회로 강제로 편입될 때까지 중세적 절대이론이 중국 사회를 지배하여 근대적 철학 방법이 성립할 수 없었던 것이다. 중국의 전통적인 사유체계와 중국의 전근대 사회의 관계를 규명하는 것은 전통과 근대라는 문제를 해결하는 데 많은 도움이 될 수 있다.

여기서 중국의 전통사상에 관한 연구방법을 본격적으로 검토하기 전에, 근대 이후의 철학 방법론을 살펴볼 필요가 있다. 왜냐하면 현대 철학의 방법론적 경향은 대부분 근대적 방법에 대한 비판에 뿌리를 두고 있기 때문이다. 근대 철학의 방법론은 무엇보다 중세의 종교적 독단주의에 대한 이념적 비판 속에서 생성되었다. 예를 들어 프란시스 베이컨(Francis Bacon; 1561－1626)의 경우, 중세적(中世的) 우상(偶像, Idola)에 대한 비판을 통해 과학적 방법론인 귀납적 방법 (歸納的 方法, Inductive Method)을 수립하고 있다.44) 이 방법은 종합보다는 분석을 중요시하는 철학적 경향을 대표하는 것으로, 베이컨(Bacon)의 사상에서 자연(自然)은 인간이 과학기술로 분석하고 정복할 대상이었던 것이다.45)

또한 르네 데카르트(René Descartes; 1596－1650)는 중세적 미신 (迷信)에 대한 회의적 방법(懷疑的 方法)을 통해, 중세적 세계관에 질식당했던 과학적 방법을 위기에서 구출해 낸다. 그 과정에서 등장한 정신과 육체의 이원적 실체론이 오늘날에는 끊임없이 비판의 대상이 되고 있지만, 당시에는 과학적 세계관의 형성에 지대한 역할을 했다고 평가할 수 있다. 그런데 데카르트(Descartes)는 "자연을 거대한 기계로 파악"46)한다는 점에서 특색이 있으며, 이후 기계론적 유물론의 이론적 근거를 제공하고 있다. 이후 기계론적 유물론은 베네딕트 드 스피노자(Benedict de Spinoza; 1632－1677)와 고트프리트

---

44) 스털링 P. 램프레히트: 서양철학사, 김태길 외 공역 (서울: 을유문화사, 1985), pp.385－389.
45) 平田淸明 외 공저: 사회사상사, 장하진 역 (서울: 한울출판사, 1982). 이 책 가운데 花田圭介의 '제1장 베이컨의 사회사상(pp.19－54)'를 참조할 것.
46) 소비에트과학아카데미 철학연구소 편: 세계철학사Ⅱ, 이을호 편역 (서울: 중원문화, 1988), p.75.

빌헬름 라이프니츠(Gottfried Wilhelm Leibniz; 1646-1716)에 의해
비판당하고, 독일 관념론의 변증법적 방법과 대립하게 된다.

게오르그 빌헬름 프리드리히 헤겔(Georg Wilhelm Friedrich Hegel;
1770-1831)을 정점으로 하는 독일 관념론의 경우는 자연을 이념의
소외로 보고 있으며, 주체와 객체의 변증법적 방법(辨證法的 方法,
Dialektischer Methode)을 통해 인간이 즉자(卽者) 존재(存在)인 자연
상태에서 벗어나는 자유의 실현 과정을 세계사의 전개로 파악하고
있다.47) 여기서 문제가 되는 것은 분석과 종합의 통일을 관념적으로
지향한다는 점이며, 후에 이 독일 관념론은 루드비히 포이에르바하
(Ludwig Feuerbach; 1804-1872)의 유물론에 의해 비판받는다.48) 그
리고 현대 철학의 방법론은 칼 맑스(Karl Marx; 1818-1883)의 변증
법적 유물론의 출현으로 새로운 방법적 전환이 이루어진 것이다. 다
시 말해 맑스(Marx)는 자본주의 사회를 분석하는 가운데, 자본 개념
을 매개로 하여 이전의 철학이 관념론적 방법에 머문 것을 비판하
고, 변증법적 유물론의 방법을 적극적으로 제시한 것이다.49)

그런데 방법론적으로 분석적 방법과 종합적 방법 가운데 어느 하
나만을 활용하는 것은 철학 연구의 방법으로는 충분하지 못하다. 왜
냐하면 분석이 없이는 종합이 이루어질 수 없고, 종합이 없다면 분석
이 무의미하게 되기 때문이다. 그렇다고 해서 분석과 종합을 관념적
으로 통일하는 방법은 오늘날 학문 방법으로는 적합하지 못하다. 관
념 철학은 현대 사회의 구체적 문제를 해결하는 데 별다른 기여를 하

---

47) 우기동·이병수 공저: 철학의 철학사적 이해 (서울: 돌베개, 1991),
    pp.229-242.
48) 프리드리히 엥겔스: 포이에르바하와 독일고전철학의 종말(1886), 양재
    혁 역 (서울: 돌베개, 1987), pp.36-38.
49) 見田石介: 자본론의 방법론 연구, 양재혁 역 (서울: 나라사랑, 1989),
    pp.165-170

지 못하고 오히려 문제의 본질을 모호하게 만들기 때문이다. 따라서 본 논문에서는 관념적 성격을 배제한다는 전제아래 분석적 방법(分析的 方法, Analytical Method)과 종합적 방법(綜合的 方法, Synthetic Method)을 통일적으로 활용하고자 한다.

이제 중국의 전통 철학에 대한 연구방법론을 구체적으로 검토해 보겠다. 동아시아에서 전통적 사유양식에 대한 비판이 자생적으로 존재하지 않았던 것은 아니지만, 그것은 전통적인 사유양식의 흐름을 바꾸기에는 역부족이었다. 동아시아의 사회는 '서양의 충격(西洋의 衝擊, Western Impact)'[50]으로 전통적 지배 질서가 붕괴되면서부터 전통에 대한 본격적인 회의와 비판이 이루어진 것이다. 그런데 역사학자 코헨(Cohen)은 '서양의 충격과 중국의 대응'의 방법과 '중국의 전통과 서양의 근대'라는 대립적 방법, 그리고 '제국주의론'의 이념적 방법이 지닌 문제점을 서구중심의 민족적 편견과 지적 왜곡으로 지적하고, 중국 중심의 역사서술을 강조하고 있다.[51] 그러나 이 과정에서 서양의 충격은 중국이 근대 사회로 이행하는 결정적 계기가 되었다는 역사적 사실과 전통적 사유구조에 대한 합리적 비판, 그리고 제국주의론의 객관적 연구방법을 소홀하게 다루는 문제를 남기고 있다.

중국의 전통적 사유양식에 대한 접근 방식은 매우 다양한 양상을 보이고 있다. 예를 들어 막스 베버(Max Weber; 1864-1920)는 "군자불기(君子不器, 군자는 도구나 수단이 아니다)"[52]라는 명제를 해

---

50) 안병주: 유교의 민본사상 (서울: 성대 출판부, 1987), p.13.
51) 폴 A. 코헨: 미국의 중국 근대사 연구, 장의식 외 공역 (서울: 고려원, 1995), pp.27-36.
52) 朱熹 集註: 經書 (서울: 成均館大 大東文化硏究院, 1990), 『論語』, 「爲政2」, p.86. 子曰, 君子不器. 朱熹의 해석에 따르면 다음과 같다. "器라 는 것은 각기 그 쓰임에만 적합하여 서로 통할 수 없다. 德을 이룬 지식인은 몸에 갖추지 않은 것이 없다. 그러므로 두루 쓰이지 않음이 없

석하는 가운데, "유교윤리의 이 핵심적인 명제가 전문의 분화, 근대적인 전문 관료제와 전문훈련, 특히 영리를 위한 경제적인 훈련을 거부하였다."[53]고 하여, 중국에서 자본주의가 생성되지 않은 원인으로 전문성(專門性, Professionalism)의 미발달(未發達)을 지적하고 있다.

이와 같은 베버(Weber)의 형식적 합리성의 논리는, 헤겔(Hegel)이 중국의 역사를 '실체성(實體性)'으로 파악하여, "객관적인 존재가 그것에 대한 주관적인 운동과의 사이의 대립이 아직도 없었기 때문에 변화라고 하는 것은 일절 없고, 언제까지나 동일한 것이 되풀이되어 나타난다고 하는 정체성(停滯性, das Statarische)"[54]이라는 비역사적인 것으로 규정짓는 데서 그 이론적 연속성을 발견할 수 있다. 다시 말해 헤겔(Hegel)과 베버(Weber)는 중국의 전통에 대한 비판의 지평에서 함께 만나는 것이다.

그런데 메츠거(Metzger)는 중국의 전통을 '인간과 세계의 긴장의 결여'로 파악하는 베버(Weber)의 분석을 비판적으로 평가하면서,[55] 신베버학, 인문주의, 인류학, 행태주의 그리고 사상사와 같은 다양한 연구 방법론을 검토하고,[56] "주어진 세계와 인생의 목적 사이의 모순에 자리잡은 지적 투쟁의 문제를 규정짓는 넓게 공유된 '문법(文法)'으로 신유학을 바라볼 것"[57]을 제안한다. 이러한 방법론을 기반으로 메츠거(Metzger)는 중국의 상투적인 문구에 주목하여, 중국의 전통사상을 파악하고 있다. 이러한 연구 방법은 대만이나 홍콩의 현

으니, 특히 재능이나 기예 하나만이 아니다(器者, 各適其用, 而不能相通. 成德之士, 體無不具. 故用無不周, 非特爲一才一藝而已)."

53) 막스 베버: 유교와 도교, 이상률 역 (서울: 문예출판사, 1990), p.348.

54) 헤겔: 역사철학강의 I, 김종호 역 (서울: 삼성출판사, 1982), p.209.

55) Thomas A. Metzger: *Escape from Predicament* (New York: Columbia University Press, 1977), p.3-4, pp.237-238.

56) Ibid., pp.10-11.

57) Ibid., p.14.

대 신유가의 연구성과를 바탕으로 진행되고 있는데, 방법론적으로 베버(Weber)가 중국 전통사상의 사회경제적인 배경에 많은 관심을 기울인 것과는 매우 대조적이라 할 수 있다.

본 논문에서는 송대 신유학을 다루면서 당시의 사회경제적 배경 (社會經濟的 背景)에 주목하여, 중국의 철학적 전개와 사회경제적 배경의 상호관계를 살펴볼 것이다. 왜냐하면 철학의 전개 과정에서 그 사회의 물질적 토대는 사회의 필수적인 자양분 역할을 하기 때문이다. 철학적 개념은 아무리 추상도가 높은 것일지라도 당시의 사회현실을 논리적으로 반영한 것이라 할 수 있다. 이러한 과정이 그 사회의 물질적 토대가 직접적으로 반영된 것은 아니라 해도 철학과 물질적 토대의 긴밀한 상호 영향이 존재한다는 사실을 충분히 고려해야 한다. 그러므로 당시의 사회현실을 벗어난 철학적 논의는 무의미한 담론이 될 가능성이 크다고 할 수 있다. 따라서 송대의 경제적 토대와 정치적 상부구조를 검토하거나, 대표적인 송대 신유가 주희의 경제적 생활 조건을 살펴서, 신유학의 사상적 특징과 연관지을 것이다.

여기서 중국 역사의 시대구분(時代區分)은 매우 중요한 문제이다. 특히 송대(宋代) 사회의 경우 수많은 연구가 있었지만, 아직 누구나 인정하는 객관적 시대구분이 정립되지 못한 상태이다. 이러한 현상은 송대 사회에 대한 보다 치밀한 연구가 필요하다는 것을 의미한다. 그렇다고 해서 본 논문이 주요한 대상으로 삼는 송대에 대한 시대구분을 유보하는 것은 바람직한 방법이 아니다. 왜냐하면 비록 완결된 이론은 아니라 해도 송대 사회의 특질에 대한 대표적인 연구성과들이 존재하며, 송대의 사회경제적 배경에 대해서 미리 밝혀두는 것이 이후의 논의전개에 도움이 되기 때문이다. 중국의 역사에 대해 학계에서는 당송 변혁기(唐宋 變革期)를 기점으로 시대를 구분하는 경향이 존재한다.58) 그러나 송대 사회가 여러 측면에서 급격하게 변했다고 해도, 생산양식의 경우 송대 이전의 봉건제의 틀을 벗어난 것은 아니다. 따라서 현재까지의 중국사 연구 가운데 송대(宋代)를 중세 봉건제 사회(中世 封建制 社會)로 파악하는 입장을 전제하되, 중국적 특징인 관료제적 중앙집권에 주목하여 송대(宋代) 신유학(新儒學)의 '자연(自然)' 개념을 규명하겠다.

또한 연구 방법으로 무엇보다도 자연인식에 관한 송대 신유학의 주요 범주를 분석하는 방식을 활용할 것이다. 예를 들어 천(天)·기(氣)·이(理) 등과 같은 개념에 대한 논리적 분석이 그것이다. 이러한 방법은 송대 신유학의 철학체계를 종합하기 전에 수행해야 하는 중요한 작업이다. 다시 말해 송대 신유학의 자연(自然) 개념의 본질을 규명하기 위해, 천(天)·기(氣)·이(理) 개념에 대한 다각적인 분석이 필요한 것이다.59) 이 분석 과정에서 다른 개념과의 상호 비교를 통해 차이점과 공통점이 규명될 것이며, 각 개념의 현대적 의미도 밝혀질 것이다. 또한 이러한 분석 과정을 거치면서 철학 개념이 논리적으로 종합되고, 결국 자연에 대한 송대 신유학의 철학 체계가 다름 아닌 유기체론이라는 사실이 논증될 것이다. 따라서 본 논문에서는 분석적 방법과 종합적 방법을 통일시키는 방법을 추구한다.

그런데 송대 신유학의 자연인식을 분석하고 종합하는 과정에서, 반드시 필요한 연구 방법은 자연 과학과의 비교이다. 왜냐하면 '인류의 인식 발전사에 있어서 철학과 자연 과학은 밀접한 관계'60)가 있기 때

---

58) 민두기 편: 중국사 시대구분론 (서울: 창작과 비평사, 1984), pp.179-207.
59) 중국의 전통사상에서 '自然'은 '스스로(또는 저절로) 그러하다'라는 뜻으로 오늘날 객관적 인식 대상인 물리적 '自然界(World of Nature)'와는 구분된다. 반면에 전통적인 중국의 철학범주 가운데 현대적 의미의 자연으로 해석할 수 있는 것은 天, 理, 氣와 같은 개념이다. 따라서 본 논문에서는 天 등을 중요한 자연 개념으로 전제하고 논의를 전개할 것이다.
60) 양재혁 외 공편: 중국철학강의 (서울: 돌베개, 1990), p.14.

문이다. 그러므로 송대 신유학의 자연인식이 지닌 유기체적 경향이
자연 과학적 맥락에서 어떠한 의미가 있는지를 논증할 필요가 있다.
이러한 과정은 송대 신유학의 인식 논리를 자연 과학의 인식 논리와
상호 비교하는 가운데 보다 체계적인 연구를 가능하게 할 것이다.

그리고 송대 신유학을 고찰하는 방법으로 신유학의 자연 개념에
대한 현대적 의미를 검토할 것이다. 이러한 방법은 인식(認識)과 실
천(實踐)에 대한 정확한 이해가 전제되어야 가능하다. 그런데 일반적
으로 인식과 실천의 상호 관계에 대한 정확한 이해는 결코 쉬운 일
이 아니다. 특히 순수 학문 또는 순수 이론이라는 허위의식이 지배
하는 사회적 풍토와 관념적인 연구 경향 속에서는, 항상 인식과 실
천의 형이상학적 단절이 초래되는 경향이 있어, 이론과 실천에 대한
정확한 이해를 방해한다. 그러나 어떤 인식도 실천적 관심에서 비롯
되고, "인식을 주도하는 관심은 논의에 대하여 그때그때의 행위와
경험의 체계라는 통일을 지킨다."[61] 따라서 인식은 발생초기부터 실
천과 불가분의 관계를 형성하는 것이다.

그런데 실천에서 비롯된 인식의 결과물은 체계적인 이론의 형태로
나타나는데, 그 이론의 진리 여부를 어떻게 확보할 것인지가 문제이
다. 만약 논리적 정합성(論理的 整合性)만을 기준으로 한다면, 서로
상반되는 이론이라도 양시론(兩是論) 또는 양비론(兩非論)으로 처리
될 것이다. 그러나 어떤 인식이나 이론의 진리 여부는 논리 자체만
으로 판정될 수는 없는 것이다. 이런 의미에서 실천은 다시 변증법
적인 역할을 수행한다. 말하자면, 인간은 "실천을 통해 진리를 발현
하고, 실천을 통해 진리를 검증하고 발전시킨다. 감성 인식에서 출발
하여 능동적으로 이성 인식으로 발전시키고, 또한 이성 인식에서 출
발하여 혁명적 실천을 지도하여, 주관적 세계와 객관적 세계를 개조

---

61) 하버마스: 인식과 관심, 강영계 역 (서울: 고려원, 1983), p.328.

한다. 실천, 인식, 다시 실천, 다시 인식, 이러한 형식이 끝없이 순환 반복하고, 순환할 때마다 인식과 실천의 내용이 모두 비교적 높은 수준에 도달한다."62)고 볼 수 있다. 그런데 맹목적인 실천 우위의 세계관 속에서는 새로운 문명의 창출이 불가능하다는 사실을 염두에 둘 필요가 있다. 따라서 실천과 인식 또는 이론의 상호 관계는 실천 (實踐, Praxis)과 이론(理論, Theorie)의 변증법적(辨證法的) 지양(止揚, Aufheben)으로 이해하는 것이 타당하다.

그런데 철학 논문이 취할 수 있는 실천의 구체적인 방법이 문제가 될 수 있다. 특히 엄밀한 학적 체계를 갖추어야 하는 논문의 일반적 성격상 실천을 구체화하는 작업이 모호할 수도 있는 것이다. 그러나 아무리 이 작업이 어렵다고 해도 결코 포기할 수 없는 문제이다. 왜냐하면 실천적 관심이 배제된 이론 탐구는 현실의 모순에 눈을 감아버리는 결과를 초래하기 때문이다. 따라서 매우 제한적인 의미를 지니고 있지만, 어떤 이론의 현대적 의미를 규명하는 것은 반드시 필요한 작업인 것이다.

예를 들어 현대 환경문제는 본 논문과 긴밀한 관계가 있는 실천적 관심의 영역이다. 그런데 본 논문의 구체적 작업은 적어도 다음과 같은 방법이 모색되어야 설득력을 갖추게 된다. 무엇보다 먼저 해야 할 것은 신유학의 자연인식을 객관적으로 검토하는 일이다. 다시 말해 신유학 자체의 자연 개념의 특징을 원전의 내용 속에서 엄밀하게 분석하는 작업이 필요한 것이다. 그리고 반드시 거쳐야 하는 것이 신유학의 자연인식을 비판적인 방법으로 평가하는 것이다. 여기서 전자의 경우는 논문이 갖추어야 할 최소한의 기본적인 방법에 해당한다. 그리고 후자의 경우는 철학연구의 구체적 실천이 긍정적 방법에 있지 않고 비판적 방법에 있다는 것을 의미한다. 이와 같은 객관적 방법과

---

62) 毛澤東: 毛澤東選集 卷1 (北京: 人民出版社, 1991), pp.296-297.

비판적 방법은 바로 연구 대상인 이론의 현대적 의미와 이론의 현실
적합성을 검토하는 방법이라 할 수 있다. 따라서 철학은 연구 대상인
이론을 객관적으로 파악하고, 그 이론의 문제점을 철저하게 비판하
여, 새로운 대안을 모색하는 실천(實踐, Praxis)의 한 가운데 위치해
야 하는 것이다. 이상과 같은 연구방법들을 구체적으로 활용하여, 본
논문의 주제인 '송대 신유학의 자연 개념'이 지닌 특징을 체계적으로
규명하고, 그 현대적 의미를 비판적으로 평가하고자 한다.63)

　지금까지 본 논문의 제1장인 서론을 연구의 목적과 대상 그리고
방법의 측면에서 서술하였다. 이제 본론을 본격적으로 전개하기에
앞서, 전체적인 논의 구도에 대한 이해를 돕기 위해, 본론을 다음과
같이 구성할 예정임을 밝혀둔다.

　본론의 시작인 제2장에서는 송대 이전의 자연인식의 유형을 원시
적 자연인식(原始的 自然認識), 주술적 자연인식(呪術的 自然認識),
과학적 자연인식(科學的 自然 認識)으로 분류하여, 각 인식 단계의
특징 및 차이점, 그리고 자연에 대한 인식 발달의 과정을 체계적으
로 설명할 것이다. 여기서는 주로 천(天) 개념에 대한 분석을 통해
고대 중국의 사상가들이 자연을 어떻게 규정하고 있는지를 구체적으

---

63) 原典에 대한 取扱 方法은 다음과 같다. 본 논문이 대상으로 하고 있는
　　原典들은 자연인식이라는 주제에 한정된 것들이지만, 양적으로 적지
　　않은 분량이라 할 수 있다. 그런데 문제가 되는 것은 그 原典들이 판
　　본도 다양하고, 저자가 불분명한 경우가 많다는 점이다. 따라서 본 논
　　문에서 다루고 있는 原典이 어느 시대 누구에 의해 편찬되었는지를 분
　　명하게 밝힐 필요가 있다. 따라서 참고 문헌란에 각 문헌에 관한 서지
　　학적 사항을 기입한다. 그리고 原典을 인용할 경우 반드시 각주에 인
　　용 페이지와 함께 권수나 편명 또는 장을 함께 병기하여 다른 판본을
　　가진 사람이라도 누구나 쉽게 原典을 확인할 수 있도록 한다. 또한 인
　　용문의 번역은 직역을 우선으로 하되, 문맥의 흐름상 필요할 경우 의
　　역을 적절히 활용한다. 마지막으로 중국어의 로마자 표기는 인용문헌에
　　Wade－Gile식으로 나온 경우를 제외하고는 기본적으로 한어병음식을
　　표준으로 한다

로 살필 것이다. 이와 같은 논리적 분석 과정을 거치고 나면, 송대 신유학의 자연인식이 지닌 특징을 규명하는 데 도움이 될 것이다.

제3장은 송대 신유학의 주요 범주인 기(氣)와 이(理) 개념을 원전을 중심으로 철저하게 분석할 것이다. 또한 분석적 방법을 통해 기(氣)와 이(理) 개념에 대한 여러 가지 개념적 규정들을 살펴본 뒤, 송대 신유학의 기(氣)와 이(理) 개념의 현대적 의미를 다시 규정할 것이다. 이러한 작업은 그동안 모호한 사상적 범주로 남아 있던 철학적 개념들을 보다 분명하게 그 의미를 규명하여, 송대 신유학의 자연인식을 체계적으로 이해하려는 의도가 담겨 있다. 그리고 기(氣)와 이(理) 개념을 분석한 후, 보편성(普遍性)과 특수성(特殊性)의 측면에서 송대 신유학의 자연과 인간의 관계를 종합적으로 정리할 것이다.

제4장은 송대 신유학의 자연인식을 전체(全體)와 부분(部分), 인간과 자연의 관계, 그리고 구조적 측면에서 다룰 것이다. 이 과정에서 송대 신유가 특히 주희의 자연인식이 지닌 특징이 체계적으로 드러날 것이다. 예를 들어 송대 신유가의 저작을 통해 신유학의 자연인식이 존재 전체(存在 全體), 상보 관계(相補 關係), 위계 구조(位階 構造)라는 의미를 내포하고 있는 유기체론(有機體論)임을 논리적으로 증명한다. 따라서 송대 신유학의 철학적 체계와 방법이 전형적으로 드러나는 곳이라 할 수 있다.

제5장은 송대 신유학의 유기체적 자연인식을 방법(方法)의 측면과 이념(理念)의 측면으로 나누어 비판적으로 살펴본다. 특히 송대 신유학의 유기체적 자연인식의 논리를 바탕으로 그 현대적 의미를 규명한다는 점에 특색이 있다. 송대 신유학을 비판적으로 검토하는 과정에서, 방법적 측면에서 송대 신유학의 논리가 기본적으로 자연과 인간의 절충주의이고, 철저한 분석을 배제한 논리라는 점이 규명될 것이다. 그리고 이념적 측면에서는 송대 신유학이 중국의 중앙집권적

지배질서에 이념적 근거를 제공했다는 사실을 비판적으로 살펴볼 것
이다.

마지막으로 결론인 제6장에서는 본론에서 다루었던 논의를 명확히
하기 위해, 우선 본론의 내용을 축약하여 간략하게 제시할 것이다.
그리고 현대 환경문제의 대안으로 제기되는 생태주의와 연관해서 주
요 논점을 몇 가지 밝힌 다음, 생태주의의 문제점을 지적할 예정이다.

제 2 장

자연인식의 유형

인간의 인식 발달은 대체로 인류의 역사 발전과 함께 이루어진다. 그런데 근대 이전까지는 기독교적 종말론(基督敎的 終末論)이나 유교적 왕조 순환론(儒敎的 王朝 循環論) 또는 문화적 진보론(文化的 退步論)이 역사인식의 주류를 형성하였다. 또한 대상세계에 대한 인식의 발달은 완만하게 이루어졌으며, 인식의 문제는 그다지 중요하게 다루어지지 않았다. 그러나 근대 이후 산업혁명이 가속화되면서 대상세계에 대한 관심이 증폭되었고, '존재(存在)에 대한 사유(思惟)의 관계'[1]가 철학적 탐색의 중심이 되었다. 그리고 계몽주의의 영향 아래 인간 문명의 직선적 진보를 신념으로 하는 목적론적 발전사관이 성립하게 된 것이다.[2]

한편 중국사상사에서 자연에 대한 인식의 유형은 다양하게 존재한다. 그런데 인간의 인식발달 과정이 반드시 역사적 시간의 선후와 일치하는 것은 아니라는 사실에 주목할 필요가 있다. 다시 말해 인간의 인식은 단선적 발전(單線的 發展)이 아니라 나선적 발전(螺旋的 發展)의 과정을 거치는 것이다.[3] 또한 자연에 대한 중국의 인식

---

1) 프리드리히 엥겔스: 포이에르바하와 독일고전철학의 종말(1886), 양재혁 역 (서울: 돌베개, 1987), p.32.
2) 차하순 편: 사관이란 무엇인가 (서울: 청람문화사, 1984), pp.13 − 15.
3) 오늘날에는 16 − 18세기 유럽 계몽주의의 단선적 발전관과는 다른 다양

발달도 역사의 진행에 따라 직선적으로 발달한 것이 아니라, 때로는 인식 발달이 역사의 진행과 반대 방향으로 진행되기도 한 것이다. 그렇다면 자연인식에 대한 체계적인 기술이 반드시 시간의 순서대로 이루어질 필요는 없는 것이다. 오히려 논리적 맥락을 중시하여 단순하고 낮은 차원의 자연인식에서 복잡하고 높은 차원의 자연인식으로 발전한 논리적 과정을 규명하는 것이 합리적인 방법이다.

　여기서는 신유학의 자연인식을 다루기에 앞서, 송대 이전의 선행 자연인식을 논리적인 측면에서 살펴볼 것이다. 자연인식의 거대한 흐름은 '물자체(物自體, Ding an sich)'에서 '우리를 위한 물物(Ding für uns)'로 발전한다.[4] 그런데 자연이 인간의 인식과정에 포섭될 경우 이미 논리적 가정인 물자체(物自體)를 극복한다고 볼 수 있다. 그리고 자연에 대한 인식의 발전을 객관적 대상화와 추상적 일반화와 형식적 합리화의 정도에 따라, 최초 원시적(原始的) 자연인식에서 분화되어 주술적(呪術的) 자연인식과 과학적(科學的) 자연인식으로 각기 다르게 전개되는 인식유형의 특징을 체계적으로 검토할 것이다.[5]

한 역사관이 존재한다. 예를 들어 문명사관, 상대주의사관 등이 그것이다. 여기서 나선적 발전관은 단선적 발전관을 지양한 새로운 역사관이라 할 수 있다. 인간의 인식 발달의 경우, 단순히 직선적으로 발전한 것이 아니라 끊임없이 나선형으로 발전해온 것이라 할 수 있다.

4) Friedrich Engels(1820-1895)는 인식할 수 없는 '物 自體'가 근대 과학적 실천을 거쳐 인식 가능한 '우리를 위한 物'로 전환되는 과정을 매우 체계적으로 서술하고 있다. 참조. 프리드리히 엥겔스: Op.cit., pp.34-35.

5) 인식의 발달 과정에서 인식 이전의 단계나 완전한 인식 단계는 논의의 대상이 아니다. 인식 이전의 단계에서는 인간의 문화가 아직 태동하기 이전이고, 완전한 인식 단계는 인류 역사에서 무의미하기에, 역사 시대를 대상으로 하는 이 연구에서는 논의할 가치가 없는 것이다. 그런데 인식의 원시적, 주술적, 과학적 단계는 그 분류 기준이 제기되어야 한다. 인식의 유형을 분류하는 중요한 척도는 과학에 대한 정의에 있는 것이다. 왜냐하면 과학에 대한 개념 규정에 따라 분류의 양상이 달라질 수 있기 때문이다. 본 논문에서는 과학을 '인간, 사회, 자연에 대한 논리적이고 합리적인 지식체계'로 정의한다. 이러한 정의는 과학이 단지 자

이제 최초의 인식 단계인 원시적 자연인식으로부터 살펴보겠다.

제1절 원시적 자연인식

자연에 대한 인식의 역사를 살펴볼 때, 자연에 대한 최초의 인식
은 의인화 과정(擬人化 過程)을 거쳤다. 중국의 사상사 또한 '알 수
없는 자연'에서 의인화를 통한 '알 수 있는 자연'이라는 인식론적 시
도가 존재한다. 이 원시적 자연인식은 중국의 방대한 문헌 가운데
극히 일부에 문자의 형태로 남아 있다. 그 대표적인 경우가 바로 제
(帝) 또는 상제(上帝) 개념이다. 따라서 제(帝)나 상제(上帝) 개념을
통해 중국의 원시적 자연인식을 규명할 것이다.

그런데 제(帝)나 상제(上帝)의 어원은 분명하지 않으며 해석도 매
우 다양하다.6) 그러나 제(帝)나 상제(上帝)가 일반적으로 '최고 주재
자'를 의미한다는 점과 『설문해자(說文解字)』의 '정치적 지배'7)라는
해석을 바탕으로, 여기서는 제(帝)를 '최고 통치권자'로 이해한다. 그
런데 원시적 자연인식의 측면에서 더욱 중요한 것은 제(帝)보다 상
제(上帝)라 할 수 있다. 상제(上帝)는 대표적 자연환경인 하늘을 제

연과학(Science of Nature)만을 의미하는 것이 아니라 합리적인 지식체계
일반, 즉 넓은 의미의 과학이나 학문(Science; Wissenschaft)이라는 논리
에 근거하고 있다.

6) Joseph Needham: *SCC* Vol.Ⅱ, pp.580-582. 狩野直喜: 中國哲學史(1953),
오이환 역 (서울: 을유문화사, 1986), pp.61-71.

7) 許愼 撰: 說文解字, 徐鉉 校定 (香港: 中華書局, 1989), p.7, 帝 諦也.
王天下之號.

(帝)로 인식하는 의인화 과정에서 파생된 것이다. 다시 말해 상제(上帝)는 지상의 황제와 대비되는 하늘의 황제로 해석해도 무리가 없는 것이다. 여기서 중요한 것은 이미 잘 알고 있는 인간의 정치적 관계에 비유하여 '알 수 없는 자연'을 인식하려고 했다는 점이다.

인간의 인식 발달사에서 볼 때, 비유(比喩, Allegory)의 방법은 인간이 전혀 알 수 없는 자연현상을 이해하려고 할 경우, 불가피하게 거치게 되는 인식론적 시도라 할 수 있다. 왜냐하면 인간은 자연과의 교섭과정에서 인식의 대상이 불가사의할 경우, 인간 자신의 감각적 경험으로 이미 알고 있는 것에서 유추하여 알 수 없는 자연현상을 나름대로 이해하고 설명하려는 경향이 있기 때문이다. 그러므로 상제(上帝)는 자연에 대한 인간의 인식에서 비교적 초기 단계에 속하는 것이다.

그런데 상제(上帝) 개념에서 주목할 만한 것은 당시의 정치 지배자들이 효율적인 통치의 도구로 제(帝) 개념을 적극적으로 활용하고 있다는 점이다.[8] 즉 상제(上帝)를 일개 씨족의 조상 숭배에서 전체 구성원의 숭배 대상으로 만듦으로써 통치행위의 정당성을 확보하려는 시도이다. 여기서 문제가 되는 것은 상제(上帝)의 인격화(人格化) 정도이다. 중국의 경우는 서양과 달리 일찍이 인격신(人格神, God)의 의미가 희석되었다는 점은 많은 학자들이 논증하고 있다. 특히 니담(Needham)은 두 가지 측면, 즉 신(神)의 '비인격화'와 '비창조성'을 고대 중국 사상의 특징으로 설명하고 있다.[9]

이후 중국의 사상사에서는 자연을 의인화한 상제(上帝) 개념이 좀더 추상적인 개념으로 대체되는 현상이 나타난다. 그것이 바로 중국

---

8) 胡廣 等 撰: 詩經 (서울: 成均館大 大東文化研究院, 1984), 卷20「商頌・玄鳥」, p.456, 古帝命武湯, 正域彼四方, 方命厥后, 奄有九有.

9) Joseph Needham: *SCC* Vol.Ⅱ, Op.cit., p.581.

의 전근대 사상계의 관심을 집중시킨 천(天) 개념이다. 여기서 허신 (許愼; 56-147)은 천(天)을 일(一)과 대(大)의 회의자(會意字)로 파악하고 있다.[10] 그러나 천(天)의 금문(金文)을 고려할 때, 천(天)의 본래 의미는 일(一)과 대(大)의 조합이 아니라 머리를 형상화한 ●과 사람의 몸을 형상화한 大의 상형임을 알 수 있다.[11] 그런데 보다 중요한 점은 중국 사상사에서 자연을 천(天)으로 이해하는 경향이 자연인식의 주류를 이루고 있다는 사실이다.

비록 천(天)이 내포하는 의미는 매우 다양하지만, 천(天)의 의미를 크게 두 가지로 나누어 볼 수 있다. 하나는 제(帝)와 마찬가지로 천(天)을 자연의 의인화로 인식하여 주재(主宰)의 측면을 강조하는 경향이고, 다른 하나는 천(天)을 인간의 감각에 포착되는 '있는 그대로의 자연'으로 파악하는 경향이다. 이러한 두 가지 서로 다른 경향 가운데, 먼저 자연을 의인화된 형태로 인식하는 경향을 살펴보자.

중국이 역사 시대로 접어들면서, 제(帝) 개념이 일찍이 사라지기 시작한 것과는 달리, 천(天) 개념은 중국의 고대 문헌에 풍부하게 남아 있다. 예를 들어 상제(上帝) 개념이 천(天) 개념으로 전환되는 시점에서, 당시의 지배자들은 천(天)을 희로애락(喜怒哀樂)을 표현할 수 있는 존재로 여겼으며, 자신들의 통치의 정당성을 보장해 주는 근거로 天을 적극적으로 선전한 것이다.

그래서 나는 감히 상제의 명을 저버리지 못하겠으니, 天은 (나라를) 안정시킨 왕을 아름답게 여겨 우리 주나라를 일으켰는데, (나라를) 안정시킨 왕은 오직 점을 따라 이 명을 수월하게 받아 지금 天은 백성을 보살피니, 어떻든 또한 오직 점을 따라야겠다. 아-天이 두려움을 밝히려함은 우리의 큰 터전을 도우려는 것이다.[12]

---

10) 『說文解字』, p.7, 天 顚也. 至高無上. 從一大.
11) 蔣禮鴻: 목록학과 공구학, 심경천 역 (서울: 이화문화사, 1992), pp.65-66.

여기서 천(天) 개념은 왕조의 흥망성쇠(興亡盛衰)를 결정짓는 주재(主宰)의 의미를 지니고 있는 것이다. 이러한 천(天) 개념의 지배 이데올로기적 논리는 제(帝)보다 정교하고 치밀하게 이루어져, 지배자뿐만 아니라 피지배자들도 자연을 의인화한 형태로 인식하게 되었다. 『시경(詩經)』에는 "천(天)은 고르지 못하여 이 어지러운 재난을 내리는구나. 천(天)은 은혜롭지 못하여 이 크나큰 변괴를 내리는구나."[13]라고 되어 있는데, 당시에 지배자의 온갖 수탈에 견디다 못해, 天을 원망하는 민중의 한탄 속에서도 천(天) 개념의 주재적 의미가 드러나는 것이다. 이러한 현상은 천(天) 개념의 시원적 의미가 자연의 의인화 과정에서 형성되었다는 점을 입증한다.

또한 자연을 더욱 세분화하여 천(天)과 이에 상대되는 地로 분류하는 경향이 나타난다. 즉 천(天)을 '아버지'로 지(地)를 '어머니'로 파악하는 방식이 바로 그것이다. 예를 들어 『역경(易經)』에서 "건(乾)은 천(天)이다. 그러므로 아버지라 부른다. 곤(坤)은 지(地)이다. 그러므로 어머니라 부른다."[14]라고 한 것은 바로 자연을 천(天)과 지(地)로 구분한 예증이 된다. 자연을 이러한 식으로 이해하는 것은 자연을 인간의 혈연적 관계에서 유추한 의인화 과정에서 비롯된 결과라 할 수 있다.[15] 이러한 현상은 그리스 신화에서도 가이아와 오우라노스

---

12) 胡廣 等 撰: 書經 (서울: 成均館大 大東文化硏究院, 1984), 卷7「周書·大誥」, p.261, 已予惟小子, 不敢替上帝命, 天休于寧王, 興我小邦周, 寧王惟卜用, 克綏受玆命, 今天其相民, 矧亦惟卜用. 嗚呼. 天命畏 弼我丕丕基.
13) 『詩經』, 卷11「小雅·節南山」, p.235, 昊天不傭, 降此鞠訩. 昊天不惠, 降此大戾.
14) 胡廣 等 撰: 易經 (서울: 成均館大 大東文化硏究院, 1984), 卷24「說卦傳」, p.655, 乾天也. 故稱乎父. 坤地也. 故稱乎母.
15) 위와 같은 인식 경향을 인류의 역사 발전에 비추어 본다는 것은 매우 의미 있는 작업이다. 즉 원시 공산적이라 할 수 있는 모계사회에서는 아버지의 존재가 중요하지 않았지만, 부계사회로 이행하면서 차츰 가부장적 질서가 형성되고, 그 가운데 상대적으로 地보다 天이 상대적으로 우월한 지위를 치지하게 된다. 이러한 흐름은 인간의 인식 과정이

가 각각 '어머니인 대지'와 '아버지인 하늘'16)이란 점에서 서로 일치
한다. 따라서 자연에 대한 최초의 인식은 자연을 의인화하는 신화적
인식(神話的 認識)이라 할 수 있다. 그리고 이러한 신화적 인식은 자
연을 매우 주관적으로 인식한다는 점에 그 특징이 있는 것이다.

　그러나 중국의 원시적 자연인식에는 자연을 인간에 비유해서 이해
하는 방식 외에, 또 다른 형태의 자연인식이 존재한다. 천(天), 즉 자
연(自然)을 있는 그대로 인식하는 소박한 유물론적 인식이다. 예를 들
면 천(天)을 감각 가운데 특히 시각에 포착되는 객관적 자연, 다시 말
해 푸른 하늘로 이해하고 천(天)에 어떠한 의인화도 부여하지 않는 경
향이 존재하는 것이다. 유학(儒學)의 창시자인 공구(孔丘; 551－479
B.C.)가 "천(天)이 무슨 말을 하겠는가? 사계절이 순환하고 만물이
생장하는데 천(天)이 무슨 말을 하겠는가?"17)라고 했을 때, 바로 의
인화한 천 개념에 대한 회의를 나타낸 것이라 할 수 있다. 이러한 인
식 경향은 인간사와 관계없이 자연을 있는 그대로 인식하려는 소박한
객관적 인식 태도라 할 수 있다.

　자연을 인간의 감정이나 의지와는 아무 상관이 없는 객관적 존재
로 파악하는 경향은 원시 도가(原始 道家)에서 전형적으로 나타난다.
다시 말해 인식 대상인 자연을 인식 주체인 인간과 무관한 객관적
존재로 이해하거나, "천(天)은 어질지 않아, 만물을 짚으로 만든 개(芻
狗)로 삼으며, 성인(聖人)은 어질지 않아, 백성을 추구로 삼는다."18)고
파악한다. 여기서 "천이 어질지 않다(天不仁)"는 것은, 자연이 인간의

　사회사적 발달과정과 무관하지 않다는 것을 의미한다.
16) 에디스 해밀튼: 그리이스 로마 신화, 장왕록 역 (서울: 문예출판사, 1989),
　　pp.47－53.
17) 朱熹 集註: 經書 (서울: 成均館大 大東文化研究院, 1990), 『論語』, 「陽貨17」,
　　p.405, 天何言哉. 四時行焉, 百物生焉, 天何言哉.
18) 王弼 注: 老子道德經, 景印文淵閣四庫全書 (臺北: 臺灣商務印書館, 1983),
　　5章, pp.140－141, 天地不仁, 以萬物爲芻狗. 聖人不仁, 以百姓爲芻狗.

주관적 심리구조와는 어떠한 관계도 없는 객관적 존재라는 의미를 지니고 있다. 이러한 원시 도가적 자연주의는 인식 대상인 자연의 객관성 확보라는 측면에서 주목할 만한 가치가 있는 것이다.

지금까지의 논의를 정리해 보면 중국의 원시적 자연인식은 다음과 같은 특징을 지니고 있음을 알 수 있다. 첫째, 자연을 매우 구체적인 개별적 대상으로 파악하고 있다. 다시 말해 자연을 추상적인 일반적 논리로 체계화하지 못하고 있다. 둘째, 일반적으로 자연의 의인화가 주류를 이루고, 자연을 그 자체 객관적 존재로 인식하려는 경향이 일부 존재한다. 여기서 자연의 의인화는 기독교적 유일신의 의미로 정착되지 않고 있는 점이 특색이다. 셋째, 이 의인화된 자연인식은 중국인의 일상생활 속에서 끊임없이 그 명맥을 유지하고 있다. 예를 들어 전근대 사회의 중국인들은 구체적으로 자연물의 감화력을 신봉하여, 잡다한 자연물을 대상으로 끊임없이 제사를 지냈던 것이다.[19)]

이와 같이 원시적 자연인식은 자연을 의인화하여 인식하는 경향과 자연을 자연 그 자체로 인식하려는 경향이 복잡하게 혼재되어 있다. 그리고 이후 중국 사상사는 천(天)에 대해 서로 상반된 인식으로 전개된다. 즉 하나는 원시적 자연인식 가운데 의인화된 자연인식의 길을 계승하는 주술적 자연인식의 입장이고, 다른 하나는 자연을 인식 주체와 독립해 있는 객관적 실재로 파악하는 과학적 자연인식의 입장이다. 다음 절에서는 두 가지 가운데 먼저 주술적 자연인식을 살펴보겠다.

---

19) 자크 제르네: 전통중국인의 일상생활, 김영제 역 (서울: 신서원, 1995), pp.206-210.

제2절 주술적 자연인식

중국 사상사에서 자연을 주술적으로 인식하는 경향은 자연을 의인화하여 인식하는 방식이 한계에 부딪히자, 보다 추상적인 인식논리를 탐색하는 가운데 태동하게 된다. 여기서 중요하게 대두되는 철학 개념이 음양오행설(陰陽五行說)이다. 그런데 음양오행설에서 음양(陰陽)과 오행(五行)이 처음부터 결합된 이론은 아니었다. 다시 말해 음양과 오행이 각기 독자적으로 성립하다가 어느 시기에 통합된 음양오행설이 성립된 것으로 파악된다.[20]

음양의 어원을 살펴보면, 최초의 의미는 각기 어두움과 밝음을 상징하는 글자였다.[21] 그리고 이후 음양 개념은 땅과 하늘, 여성과 남성, 그리고 약함과 강함 등 서로 상반되는 성질을 의미하는 범주가 된 것이다. 그런데 중국사상의 음양 개념은 서양의 이분법적 대립, 즉 신과 인간, 정신과 육체, 그리고 선과 악의 절대적 대립이 아닌, 한 물질의 두 측면과 같이 서로에게 상대적, 보완적 의미를 담고 있는 개념이라는 특징을 지니고 있다. 다시 말해 음양 개념은 상호보완적 범주인 것이다. 그리고 오행은 자연을 구성하는 다섯 가지의 물질 재료를 상징적으로 나타낸 것이다.[22] 이와 같이 음양과 오행은 각기 독자적으로 자연을 인식하는 독특한 방식이었던 것인데, 후대에 이

---

20) 顧頡剛: 중국고대의 방사와 유생, 이부오 역 (청주: 온누리, 1991), pp.29-34. 梁啓超 외: 음양오행설의 연구, 김홍경 편역 (서울: 신지서원, 1993), pp.29-51.
21) 『說文解字』, p.304, 陰, 闇也. 水之南, 山之北也. 陽, 高明也.
22) 『書經』, 卷6「周書·洪範」, p.227, 五行 一曰水, 二曰火, 三曰木, 四曰金, 五曰土. 水曰潤下, 火曰炎上, 木曰曲直, 金曰從革, 土爰稼穡. 潤下作鹹, 炎上作苦, 曲直作酸, 從革作辛, 稼穡作甘.

르러 음양오행설로 통합된 것이다.

따라서 음양과 오행설 자체는 발생 초기에 매우 논리적인 설득력을 지니고 있었다. 다시 말해 음양과 오행으로 변화무쌍한 자연을 체계적으로 설명하려고 한 초기 음양가의 시도는 이전에 비해 상당히 발달한 인식이론이라 할 수 있다.[23] 그러나 음양가가 단지 자연의 변화를 설명한 것에 그치지 않고, 그 외연을 무한정 확대하여 사회와 역사에까지 이르렀을 때, 심각한 문제에 부딪히게 된다. 예를 들어 한 (漢) 초기에 형성된 참위설(讖緯說)은 음양오행설이 깊이 개입되어 자연현상뿐만 아니라 사회현상을 비롯한 모든 현상을 합리적 근거없이 동일하게 설명하는 것이다. 이러한 논리의 비약은 음양과 오행이 지녔던 과학적 논리가 참위설이라는 비합리적 설명의 도구로 전락했음을 의미한다. 이와 같은 양상을 니담(Needham)은 한대(漢代)에 "자연주의자(自然主義者)의 원형과학(proto-science)이 현상론자(現象論者)의 의사과학(疑似科學, pseudo-science)으로 전환되었다."[24]고 파악한다. 그런데 이미 음양가의 창시자라 할 수 있는 추연(騶衍; 305?-240 B.C.)의 오덕종시설(五德終始說)에서 그 단초가 발견된다. 예를 들어 오덕종시설의 핵심내용이 잘 보전되어 있는 다음 글을 살펴보자.

> 무릇 제왕이 될 자가 장차 일어나려고 하면, 天이 반드시 먼저 백성에게 상서로운 조짐을 나타낸다. 黃帝 때에 天은 먼저 큰 지렁이와 큰 땅강아지를 나타냈다. 황제가 다음과 같이 말했다. "土氣가 우세하

---

23) 사실 음양오행설은 과학적 측면과 주술적 측면을 함께 내포하고 있다. 그러므로 Needham과 같은 과학사상가가 초기 음양오행설을 원형과학(proto-science)으로 이해하는 것은 무리가 없는 논리이다. 다음을 참조할 것. Joseph Needham: *SCC* Vol. Ⅱ, p.216, pp.232-244.

24) Ibid., p.348.

구나." 土氣가 우세하니, 따라서 그 빛깔은 황색을 숭상하고, 그 일은
土를 본받는다. …… 중략(木, 金, 火) …… 火를 대신하는 것은 반드시
水가 될 것이다. 天은 또한 水氣가 우세하다는 것을 나타낼 것이다.
水氣가 우세하니, 따라서 그 빛깔은 흑색을 숭상하고, 그 일은 水를
근본으로 삼을 것이다. 그런데 水氣가 어느 나라에 이를지 數의 갖춤
을 알지 못한다. 그 다음은 土로 옮길 것이다.25)

여기서 천(天)은 왕조교체의 상서로운 조짐을 보이는 주재적(主宰
的) 의미의 천(天)임을 알 수 있다. 그리고 목극토(木剋土), 금극목
(金剋木), 화극금(火剋金), 수극화(水剋火), 토극수(土剋水)라는 오행
(五行)의 상극(相剋)으로 끊임없는 왕조 순환의 이론을 전개하고 있
는 것이다. 이러한 순환 반복적 역사관은 원래 자연에 대한 체계적
인 인식이었던 오행설이 무한정 확산되는 가운데 사회와 역사의 변
화까지 설명하면서 발생한 논리적 오류였던 것이다.

그런데 오행에 의한 왕조 교체설은 새로운 왕조에게는 교체의 이
론적 근거가 되기도 했지만, 기존 왕조에게는 위협적인 이론일 수도
있었다. 여기서 문제는 각 왕조의 고유한 오행의 색깔과 덕이 매우
자의적이라는 점이다. 특히 인간의 사회생활에서 합리적인 설명과정
을 배제하고 근거가 불확실한 수많은 금기(禁忌, Taboo) 사항이 나
열되면서부터, 음양가는 끝없는 수렁에 빠져들게 되었다. 『사기(史
記)』에서 음양가를 평가하여, "일찍이 음양의 학술을 관찰해보았는
데, 너무 상세하고 금기시 하는 것이 너무 많아 사람들을 두렵게 한
다. 그러나 사계절의 큰 순서를 질서 지은 것은 놓칠 수 없다."26)고

---

25) 呂不爲 撰, 高誘 註: 呂氏春秋, 景印文淵閣四庫全書 (臺北: 臺灣商務
印書館, 1983), 卷13「八覽」, p.364, 凡帝王者之將興也, 天必先見祥乎下
民. 黃帝之時, 天先見大螾大螻. 黃帝曰, 土氣勝. 土氣勝, 故其色尙黃,
其事則土 …… 木 …… 金 …… 火 …… 代火者必將水. 天且先見水
氣勝. 水氣勝, 故其色尙黑, 其事則水. 水氣至, 而不知數備, 將徙於土.

한 것은 적절한 비평이다.

그런데 자연을 주술적으로 인식한다는 것은 중국 고대의 접신술 (接神術)인 샤머니즘(Shamanism)[27]과 긴밀한 연관이 있다. 즉 인식 대상인 자연(天)과 인식 주체인 인간(人) 사이에 양자를 주술적으로 매개하는 특별한 역할을 담당하는 집단이 필요하게 된다. 바로 무 (巫)[28]가 그러한 역할을 담당하게 된다. 무(巫)는 중국의 주술적 자 연인식을 이해하는 데 핵심 개념이라 할 수 있다. 무(巫)의 어원적 의미를 살펴보면 다음과 같다. 즉 무(巫)의 상형적 의미는 두 사람이 마주보고 춤을 추는 모습이다. 그것을 현대적 의미로 풀이하면, 무 (巫)는 천(天)의 의지를 인(人)에게 전달하는 다분히 자의적인 통치 자의 모습을 나타낸 것이라 할 수 있다. 이러한 현상은 고대 국가 수립기에 보편적인 제정일치(祭政一致)를 나타낸다. 그런데 샤머니 즘과 같은 주술적 자연인식의 특징은 반드시 자연과 인간 사이를 매 개하는, 비범한 능력의 소유자를 필요로 한다는 점과 그 매개는 설 명이 불가능한 주문이나 논리적 근거 없는 설명, 그리고 특이한 행 위에 의해 수행된다는 점이다. 이러한 양상은 왕(王)[29]의 의미를 검 토할 때, 보다 선명하게 나타난다. 여기서 주목할 것은 천(天)과 인

---

26) 이러한 경향은 司馬談이 쓰고 그의 아들 司馬遷이 편집한 『史記』「太史 公自序・論六家之要」가운데 陰陽家에 대한 비평에 잘 나타나 있다. 司 馬遷 撰: 史記, 景印文淵閣四庫全書 (臺北: 臺灣商務印書館, 1983), p.944, 嘗窺觀陰陽之術 大祥而衆忌諱使人拘而多所畏 然其序四時之大順不可 失也.

27) 미르치아 엘리아데: 샤마니즘, 이윤기 역 (서울: 까치, 1992), p.24, pp.388－398.

28) 『說文解字』, p.100, 巫 祝也. 女能事無形以舞降神者也. 象人兩褎舞形 與工同意古者巫咸初作巫凡巫之屬皆.

29) 『說文解字』, p.9, 王 天下所歸住也. 董仲舒曰, 古之造文者三畫, 而連 其中謂之王, 天地人也. 而參通之者, 王也. 孔子曰, 一貫三爲王, 凡王 之屬皆.

(人) 그리고 지(地)를 하나로 연결하는 매개역할로 왕(王)을 해석한
점이다. 그러므로 왕(王)의 문자적 의미는 무(巫)와 서로 상통한다는
사실을 알 수 있다. 즉 무(巫)와 왕(王)은 자연과 인간의 신비한 합
일의 매개물로 등장한다는 점이 공통된다. 이와 같이 무(巫)와 왕
(王)에 대한 어원적 설명은 제정분리 시기에 무(巫)가 왕(王)으로 전
화하는 역사적 사실과도 부합한다고 할 수 있다.

　이러한 주술적 자연인식은 음양오행설과 긴밀히 연관된다.[30] 그런
데 중국 사상사에서 이 음양오행설이 각 학파에 큰 영향을 미쳤다는
측면에 유의할 필요가 있다. 즉 전국(戰國) 시대에 수많은 학파들이
등장하는 가운데 이 음양가의 학설이 전반적인 사상적 통합의 분위
기 속에서 각 학설에 융합되는 경향이 존재하는 것이다. 특히 진(秦)
과 한(漢)의 교체기를 거친 뒤, 유교의 경우 이 음양오행설이 적극적
으로 수용되어 한대(漢代) 유학독존(儒學獨尊)의 사상적 배경이 되
었다. 한대(漢代)에 유학이 독점적 지위를 차지하게 된 배경에는 동
중서(董仲舒; 179-104 B.C.)의 "제가 생각하기에는 육예(六藝)의 과
목(六經인 詩, 書, 禮, 易, 春秋, 樂經)이나 공자의 학문에 포함되지
않는 것은 모두 단절시켜 함께 발전할 수 없도록 해야 합니다.[31]"라
는 주장이 현실로 드러난 것이라 할 수 있다. 여기서 동중서(董仲
舒)의 천인합일(天人合一) 또는 천인감응(天人感應)의 설(說)이 중국
사상사 전면에 등장하게 된다. 여기서 동중서의 재이(災異)에 대한
해석을 통해, 자연에 대한 인식적 특색을 살펴볼 필요가 있다.

---

30) 참조. 顧頡剛: Op.cit., pp.29-34. 梁啓超·馮友蘭 외: 음양오행설의 연구,
　　김홍경 편역 (서울: 신지서원, 1993), 특히 pp.29-51.
31) 班固 撰, 顏師古 註: 漢書, 景印文淵閣四庫全書 (臺北: 臺灣商務印書
　　館, 1983), 卷56, p.351, 臣愚以爲, 諸不在六藝之科, 孔子之術者, 皆絕其
　　道, 勿使並進.

천지의 사물에 정상적이지 않은 변화가 있는 것을 異라 하고, 작은 것을 災라 한다. 災가 항상 먼저 일어나고 異가 곧 뒤를 따른다. 災는 天의 견책이고, 異는 天의 위협이다. 견책을 해도 알지 못하면 곧 위협으로 두렵게 한다. 詩에서 '天의 위협을 두려워하라'는 구절은 거의 이러한 점을 일컬은 것이다.[32]

동중서는 자연의 이상한 변화를 재(災)와 이(異)로 나누어 설명하고, 자연이 인간을 견제하고 위협하는 존재로 설명한다. 말하자면 동중서는 기(氣) 개념을 매개로 하여, 자연의 세계와 인간의 세계를 연속적으로 파악하고 있는 것이다. 그런데 논리적 측면에서 볼 때, 그의 재이설(災異說)은 천인감응설(天人感應說)을 전제로 해야 성립할 수 있다. 왜냐하면 자연과 인간의 직접적인 상호 교섭이 가능해야, 자연이 인간을 견제하거나 위협할 수 있기 때문이다.

동중서는 자연과 인간이 서로 감응할 수 있는 논리적 근거를 다음과 같이 제시하고 있다.

천에 음양이 있고, 인간 또한 음양이 있다. 천지의 음기가 일어나면 인간의 음기도 그것에 감응하여 일어나며, 인간의 음기가 일어나면 천지의 음기도 또한 당연히 그것에 감응하여 일어나니, 그 道는 하나다.[33]

이와 같이 천인감응(天人感應)의 논리적 근거가 되는 것은 자연과 인간이 모두 음양(陰陽)의 기(氣)를 갖추고 있다는 점이다. 이러한 논

---

32) 董仲舒 撰: 春秋繁露, 景印文淵閣四庫全書 (臺北: 臺灣商務印書館, 1983), 卷8「必仁且智」, p.753, 天地之物有不常之變者, 謂之異. 小者謂之災. 災常先至而異乃隨之. 災者, 天之譴也, 異者, 天之威也. 譴之而不知, 乃畏之以威. 詩云, 畏天之威. 殆此謂也.

33) 『春秋繁露』, 卷13「同類相同」, p.780, 天有陰陽, 人亦有陰陽. 天地之陰氣起, 而人之陰氣應之而起, 人之陰氣起, 而天之陰氣亦宜應之而起, 其道一也.

리는 비유적 또는 간접적인 심미적 방식으로 자연을 인식하는 사유 형태의 산물이라 할 수 있다. 여기서 자연과 인간의 감응 근거로 동일한 음양(陰陽)의 기(氣)가 중요하게 제시되고 있는 것이다. 그런데 동중서는 자연의 이상한 현상을 일으키는 주체를 천(天)으로, 자연의 이상한 현상을 전달받는 통치자를 인(人)으로 하는 천인합일(天人合一)의 논리를 전개한다. 동중서의 천인합일(天人合一)은 반드시 천(天)의 의지를 인(人)에게 알려주는 매개자를 필요로 한다는 점에 특색이 있다. 그리고 그 매개자는 천(天)의 의지를 파악할 수 있는 신비한 능력의 소유자, 즉 주술적 능력을 지닌 자라 할 수 있다. 또한 천인합일은 천과 인의 매개자에 따라 얼마든지 다르게 해석될 수 있는 주관적이고 신비적인 인식 논리이다. 다시 말해 동중서는 자연을 인간과의 신비적 합일의 대상으로 간주하고 있다. 그러므로 동중서의 천인합일(天人合一)은 자연에 대한 주술적 인식 형태라 할 수 있다.

동중서의 천인감응설(天人感應說)에 대한 사상사적 평가는 매우 다양하지만, 크게 두 가지로 나누어 볼 수 있다. 하나는 유기체론의 입장에서 천인감응설이 높게 평가하는 경우이다.[34] 그리고 다른 하나는 근대과학을 기준으로 볼 때 천인감응설이 비과학적이라고 평가하는 경우이다.[35] 이와 같이 전혀 다른 평가가 나타나는 것은 천인감응설의 복잡성에 기인하기도 하지만, 평가 기준이 다른 것이 가장 근본적인 원인이라 할 수 있다. 그런데 천인감응설이 자연을 객관적 대상으로 설정하지 못한 점과 자연을 적극적인 인식과 실천의 대상으로 삼은 것은 아니라는 점에서 과학적 사상이라고 평가할 수는 없다고 생각한다.

또한 동중서의 전체 이론에 대한 역사적 평가는 왕권견제의 민본

---

34) Joseph Needham: SCC Vol. II, pp.279 – 291.
35) 侯外廬 主編: 中國思想史綱 上 (北京: 中國靑年出版社, 1980), pp.142 – 148.

적(民本的) 사상에서 왕권옹호의 군본적(君本的) 사상에 이르기까지 다양하게 이루어지고 있다. 그러나 동중서의 사상을 왕권견제의 민본적 사상으로 평가하는 것은 상당히 무리가 있다. 왜냐하면 동중서의 사상은 기본적으로 민본이 아닌 군본이며, 왕권에 대한 견제는 사실 지배계층 사이의 권력투쟁이라는 맥락에서 볼 경우, 상대편에 대한 정치적 견제의 의미로 이해할 수 있기 때문이다. 따라서 동중서의 자연인식은 비합리적인 논리이며, 그의 사상은 군본적인 왕권옹호를 지향한다고 평가할 수 있다.

위와 같은 주술적 자연인식에 대해 왕충(王充; 27-97?)은 매우 체계적으로 비판적 논리를 전개한다. 특히 왕충이 비판에 힘을 기울인 것은 불가사의한 자연현상을 인간사와 연관시키는 미신적 또는 주술적 자연인식이었다. 왕충의 저작을 모은 『논형(論衡)』에는 다음과 같이 주술적 자연인식에 대한 비판의 글이 실려 있다.

> 천지가 氣를 합하여 만물이 스스로 생겨나는 것은 마치 부부가 氣를 합하여 자식이 저절로 태어나는 것과 같다. …… 혹설에 천이 오곡을 낳아 사람이 밥을 먹도록 하고 실과 삼을 낳아 사람이 옷을 입게 한다는 말이 있다. 이것은 천이 인간을 위해 농부와 누에치는 여자들을 만들었다는 것을 의미한다. 자연과 합치되지 않고, 그 의미가 의심스럽기 때문에 따를 수가 없다. …… 무릇 천이 오곡과 실과 삼을 낳아 인간에게 의식을 제공할 까닭이 없는 것은 마치 자연 재해가 있어도 인간에게 견책하고자 하는 것이 아닌 것과 마찬가지다. 사물은 저절로 생기는데 인간이 그것을 옷과 밥으로 삼는 것이며, 氣는 스스로 변하는데 인간이 그것을 두려워하는 것이다.[36]

---

36) 王充 撰: 論衡, 景印文淵閣四庫全書 (臺北: 臺灣商務印書館, 1983), 「自然」, p.216, 天地合氣, 萬物自生, 猶夫婦合氣, 子自生矣 …… 或說以爲天生五穀以食人, 生絲麻以衣人. 此謂天爲人, 作農夫桑女之徒也. 不合自然, 故其義疑, 未可徒也 …… 夫天之不故生五穀絲麻以衣食人, 由其有災變

여기서 주목할 만한 것은 왕충이 자연에 어떠한 목적의식도 부여하지 않고, 자연을 저절로 생성되는 존재이며, 인간에게 직접적으로 영향을 미치지 않는 존재로 파악했다는 점이다. 이와 같이 자연을 객관적으로 파악하는 안목이 있었기 때문에, 주술적인 자연인식에 대해 체계적으로 비판할 수 있었던 것이다. 왕충이 천인감응의 미신적 성격을 체계적으로 철저하게 비판하고 있다는 점에서,37) 왕충의 합리적 비판의식 속에는 과학적 의미가 담겨 있다고 평가할 수 있다.

그런데 왕충 또한 시대적 한계로 말미암아 자연인식에 일정한 이론적 제약이 있을 수밖에 없었다. 예를 들어 왕충의 숙명론적인 태도가 『논형(論衡)』의 「명의(命義)」에 남아 있는 것이다. 그러나 이러한 한계에도 불구하고 왕충이 천인합일의 주술적 성격을 비판한 것은 과학적으로 매우 가치 있는 작업이라 할 수 있다. 왜냐하면 우리는 천인합일을 그 자체의 논리에서뿐만 아니라 천인합일을 비판한 왕충의 합리적인 논리에서도 천인합일의 허구성을 살펴볼 수 있었기 때문이다.

이상에서 살펴본 바와 같이 자연에 대한 주술적 자연인식은 한편으로는 자연에 대한 인간의 인식이 원시적 단계 가운데 의인화한 자연인식에 비해 보다 심화된 논리라는 것을 의미하지만, 다른 한편으로는 자연에 대한 미신적 인식을 완전히 벗어나지는 못하고 있음을 나타낸다. 이러한 주술적 자연인식은 일반적으로 한대(漢代)의 사상적 풍토를 대변하고 있는 것이다. 뿐만 아니라 왕충의 철저한 비판에도 불구하고 주술적 자연인식은 중국의 전근대 사회에서 끊임없이 재생산되어 지배적인 이념으로 남았던 것이다. 이제 중국 고대의 과학적 자연인식에 대해 살펴보겠다.

不欲以譴告人也. 物自生而人衣食之, 氣自變而人畏懼之.
37) 이운구: 중국의 비판사상 (서울: 여강출판사, 1987), pp.242-277.

제3절 과학적 자연인식

중국사상사에서 자연인식의 주류는 주술적 자연인식이며, 과학적 자연인식은 중국 중세사회에서 큰 영향을 미치지 못한 것이 사실이다. 그러한 상황을 충분히 고려하더라도 합리적이고 체계적인 과학의 맹아를 품고 있는 자연인식을 부분적으로 찾아볼 수 있다. 예를 들어 도가(道家)의 자연론(自然論) 가운데 일부, 묵가(墨家)와 명가(名家)의 논리학(論理學), 그리고 순황(荀況)의 천론(天論) 등이 그 대표적인 경우인 것이다.

그런데 이러한 과학적 자연인식이 결코 짧은 기간에 형성된 것은 아니다. 다시 말해 기존의 의인화한 자연인식이나 주술적 자연인식에 대한 끊임없는 회의와 비판이라는 매개과정을 거친 것이다. 예를 들면 천(天)을 의인화한 자연인식에 대한 회의는 지식인의 비판의식 속에서 나타난다.[38] 이러한 회의와 비판은 원시적 자연인식과 주술적 자연인식에 대한 발전적 지양이라는 특색을 지닌다. 이러한 부정(否定, Negation)의 과정에서 도가(道家)의 자연주의는 일부 과학적 자연인식과 관련을 맺는다. 예를 들어 도가(道家)는 자연을 다음과 같이 인식하고 있다.

천지는 장구하다. 천지가 장구할 수 있는 까닭은 생성자로서의 의식을 갖지 않기 때문이다. 그러므로 오래 낳을 수 있다.[39]

---

38) 荀況 撰: 荀子, 景印文淵閣四庫全書 (臺北: 臺灣商務印書館, 1983), 卷11「天論」, pp.218-222.
39) 『老子道德經』, 7章, p.141, 天長地久. 天地所以能長且久者, 以其不自生, 故能長生.

여기서 도가(道家)는 내적으로 만물 생성력을 지닌 자연을 생성자 또는 주재자로서의 의식이 없는 객관적 실재로 파악하고 있다. 특히 인식 주체를 부정함으로써 자연인식의 객관성을 확보하고 있는 것이다. 의인화하여 자연을 파악하려고 한 원시적 자연인식이나, 자연을 신비한 존재로 여기는 주술적 자연인식과 비교한다면, 도가(道家)의 자연주의는 자연을 객관적인 존재로 파악한다는 점에서 자연에 대한 과학적 인식의 맹아를 지녔다.

그러나 이러한 인식이 직접적으로 과학을 태동시키지는 못했다. 왜냐하면 앞의 인용에서도 보았듯이 자연을 그 자체로 인식하였을 뿐, 능동적으로 자연을 실험의 대상으로 삼으려고 했던 것은 아니다. 이러한 맥락에서 도가(道家)의 소극적인 인식 태도는 '무위이무불위 (無爲而無不爲)'에서 잘 나타난다.[40] 만약 인간의 적극적인 인식과 실천이 뒷받침되지 않는다면, 자연이 우리 인간을 위해 존재할 수는 없을 것이다.

그런데 자연에 대한 인식 태도에 있어서, 종교적 도가(宗敎的 道家), 즉 도교(道敎)는 장생불사(長生不死)의 신선(神仙)이 되기를 열망하는 도가의 또 다른 모습을 지닌 것이다. 이러한 불로장생(不老長生)의 열망이 구체적으로 표현된 것이 바로 도교(道敎)의 연단술이다.[41] 도교의 연단술은 흔히 화학과의 긴밀한 관계로 인해 중국의 과학 사상사에서 중요한 관심의 대상이 되고 있다. 그러나 도교의 연단술이 현대 자연과학인 화학과 일정한 연관성이 있다고 하더라도, 도교의 논리가 과연 과학, 즉 합리적인 논리체계에 부합하는지는

---

40) 『老子道德經』, 37章, p.159, 道常無爲而無不爲. 侯王若能守之, 萬物將自化. 化而欲作, 吾將鎭之以無名之樸. 無名之樸, 夫亦將不欲. 不欲以靜, 天下將自定.

41) 葛洪 撰: 抱朴子內篇, 景印文淵閣四庫全書 (臺北: 臺灣商務印書館, 1983), 卷1「金丹」, pp.16-26.

다시 검토할 필요가 있다.

　도교 연단술의 목적은 어디까지나 수명의 연장이나 영원한 삶이라 할 수 있다. 그러므로 연단의 제조는 매우 실용적인 동기에서 비롯된 것이다. 그리고 연단 가운데 특히 외단(外丹)의 경우 구체적인 재료의 조작이란 측면은 존재하지만, 설명 과정에서 '우주적이고 영적인 과정들에 관한 구체적인 은유'가 대부분을 차지하고 있다.42)

　그런데 자연을 과학적으로 인식한다는 것은 단지 감각으로 포착된 개별적인 자연인식만으로는 충분하지 못하다. 다시 말해 보편적인 지식체계가 성립되어야 과학 이론이 될 수 있는 가능성을 획득하게 되는 것이다. 그러나 도교의 연단술은 매우 특수한 사례를 은유적으로 표현하고 있는 것이다. 이런 점에서 도교의 연단술은 그 제조과정에서 근대적 화학과 연관성이 있다고 하더라도, 기본적으로는 과학적이라기보다 오히려 비과학적인 논리라 평가할 수 있다.

　지극히 인간적인 욕망을 추구한 도교의 연금술의 논리와는 달리 명가(名家)와 묵가(墨家)의 논리는 과학적 인식의 측면에서 검토할 필요가 있다. 왜냐하면 명가(名家)와 묵가(墨家)의 경우 자연에 대한 매우 추상화된 논리적 단계에 이르고 있기 때문이다. 먼저 명가의 자연인식을 살펴보자.43)

　　(1) 지극히 큰 것은 밖이 없어 大一이라 하며, 지극히 작은 것은 안이 없어 小一이라 한다. (2) 두께가 없으면 쌓아올릴 수 없지만, 그 크기가 천리이다. (3) 하늘과 땅은 똑같이 낮고, 산과 연못은 똑같이

---

42) 참조. 김영식 편: 중국 전통문화와 과학 (서울: 창작과 비평사, 1986), pp.289－307.
43) 郭象 撰: 莊子注, 景印文淵閣四庫全書 (臺北: 臺灣商務印書館, 1983), 卷10「天下」, pp.160－167에는 惠施의 歷物十事와 辯者의 二十一事가 실려 있다. 본 논문은 惠施를 전형적인 名家로 파악하여 주로 그의 歷物十事를 분석할 것이다.

평평하다. (4) 태양은 가운데 떠 있을 때 지는 것이고, 만물은 생길 때 사라지는 것이다. (5) 大同과 小同은 다르다. 이것을 小同異라 한다. 만물은 모두 같고 모두 다르다. 이것을 大同異라 한다. (6) 남방은 무한하면서 유한하다. (7) 오늘 越에 가면 어제 그곳에 도착한다. (8) 이어진 고리는 풀 수가 있다. (9) 나는 천하의 중앙을 안다. 燕의 북쪽이고 越의 남쪽이다. (10) 만물을 널리 사랑하라. 천지는 일체다.[44]

이 인용문은 대표적인 명가라 할 수 있는 혜시(惠施; 370?−310? B.C.)의 역물십사(歷物十事)이다. 이 가운데 (1), (2), (3), (6), (8), (9)는 공간 개념이며, (4)(7)은 시간 개념이다. 그리고 (5)는 보편과 특수 개념 또는 유(類) 개념과 종(種) 개념이고, (10)은 혜시의 주장이다. 호적(胡適; 1891−1962)은 역물십사(歷物十事)가 공간과 시간의 모든 분할과 구분이 실재하는 것이 아니며, 단지 상대적 의미를 지녔다는 것을 나타낸 명제라고 해석한다.[45]

그런데 공간과 시간을 상대론적으로 파악한 혜시의 논리는 자연에 대한 개념적 이해에 도달하고 있다. 왜냐하면 혜시의 논리는 (1)에서 (9)에 이르는 명제가 모두 구체성을 지양하는 추상화의 과정을 거치고 있기 때문이다. 또한 (5)는 보편과 특수 또는 유(類) 개념과 종(種) 개념이라는 추상적인 논리로 일관되어 있다는 점에서 자연에 대한 개념적 이해가 상당 정도 진척이 있었다는 사실을 입증한다. 그리고 이러한 혜시의 논리가 (10)으로 귀결되는 것을 볼 때, 역물십

---

44) 『莊子』, 卷10「天下」, pp.165−166, 至大無外, 謂之大一. 至小無內, 謂之小一. 無厚, 不可積也, 其大千里. 天與地卑, 山與澤平, 日方中方睨, 物方生方死. 大同而與小同異, 此之謂小同異. 萬物畢同畢異, 此之謂大同異. 南方無窮而有窮. 今日適越而昔來. 連環可解也. 我知天地中央, 燕之北越之南是也. 氾愛萬物, 天地一體也.

45) 참조. 胡適: 중국고대철학사, 송긍섭 외 공역 (서울: 대한교과서주식회사, 1990), pp.248−254.

사(歷物十事)는 자연에 대한 연속적 이해에 바탕을 둔 논리이다. 계속해서 특수와 보편의 논리적 탐구를 보여주는 다음 인용문을 검토해 보자.

墨經; 사물을 분류할 수 있다. 또한 사물은 일체이다. 보편을 갖추고 있기 때문이다.

經說; 俱一은 소나 말이 네 발을 가지고 있는 보편과 같다. 唯是는 소나 말이라 하는 특수를 나타낸다. 소나 말을 개별적으로 분류하면 둘이다. 소와 말을 보편적으로 합치면 하나다. 마치 손가락을 헤아리는 것과 같다. 손가락은 개별적으로 다섯이지만 보편적으로 손은 하나다.46)

이와 같이 사물을 보편과 특수로 해석한 것은 묵적(墨翟; 486?-376 B.C.)이 의인화한 자연인식의 한계를 뛰어넘는 자연의 추상화 작업의 결실이라 할 수 있다. 비록 묵적이 겸애(兼愛) 실현의 이론적 요청으로 천(天)과 귀(鬼)를 도입하고, 자연의 인식에 있어 천(天)과 귀(鬼)의 주재적 성격으로 말미암아 미신적(迷信的) 인식을 탈피하지 못한 것은 사실이지만,47) 그의 자연인식의 논리는 자연을 추상적이고 합리적인 개념으로 파악하려는 인식론적 시도가 두드러진다고 할 수 있다. 그런데 묵적의 이런 논리적 개념 인식이 명가와 일정한 연관이 있다는 사실은 흥미로운 일이 아닐 수 없다. 예를 들어 변자(辯者)의 '계삼족(鷄三足)'48)이나 공손룡(公孫龍)의 '백마비마(白馬非馬)'49)가 바로

---

46) 墨翟 撰; 墨子, 景印文淵閣四庫全書 (臺北: 臺灣商務印書館, 1983), 卷10「經下」, p.97, 歐物. 一體也. 說在俱一. 唯是. 卷10「經說下」, p.101, 俱一. 若牛馬四足. 唯是. 當牛馬. 數牛數馬. 則牛馬二. 數牛馬. 則牛馬一. 若數指. 指五而五一.

47) 『墨子』, 卷7「天志」, pp.68-77. 卷8「明鬼」, pp.78-86.

48) 『莊子』, 卷10「天下」, p.166, 鷄三足.

49) 公孫龍 撰; 公孫龍子, 「白馬論」, p.250, 馬固有色, 故有白馬, 使馬無色, 有馬如而已. 安取白馬. 故白者非馬也. 白馬者, 馬與白也. 馬與白, 非馬也.

그것이다. 이러한 명제분석의 논리는 바로 추상적인 보편과 특수 개념으로 자연을 해석하려고 한 과학적 자연인식의 맹아라 할 수 있다.

다음으로 중국 고대의 과학적 자연인식을 순황(荀況; 313?−238 B.C.)을 통해 확인할 필요가 있다. 왜냐하면 순황은 오늘날 과학적 자연인식에 필요한 인식대상과 인식주체의 명확한 분리, 그리고 인식과정에 대해 당시로서는 매우 합리적이고 객관적인 논리를 전개하기 때문이다. 예를 들어 순황은 인식 대상인 자연을 객관적으로 파악하고, 인간과의 관계를 '자연과 인간의 분리(天人之分)'로 주장하고 있다.

> 天의 운행은 일정한 법칙이 있다. 堯를 존립하게 하거나 桀을 망하게 하는 것은 아니다. 治로 대응하면 吉하고, 亂으로 대응하면 凶하다. 근본에 힘쓰고 절약하면 天이 가난하게 할 수 없다. 생활이 갖추어지고 때에 맞추어 움직이면 天이 병들게 할 수 없다. …… 그러므로 자연과 인간의 분리에 밝으면 至人이라 할 수 있다.[50]

이러한 천인지분(天人之分)의 논리는 천인합일(天人合一)의 논리와 비교할 때, 그 과학적 성격이 분명하게 드러날 수 있다. 예를 들어 천인합일(天人合一)에서 천(天)은 의지를 지닌 천(天)으로 인간과의 주술적 합일을 의미하는 데 반해, 천인지분(天人之分)의 천(天)은 인간의 인식 대상인 객관적 실재로서의 자연(自然)인 것이다. 또한 천인합일(天人合一)이 인간과 자연의 감응을 전제로 운명론적 경향을 보인다면, 천인지분(天人之分)은 운명을 거부하고 행위의 원인과 결과를 철저히 인간 자신에게 귀속시키는 적극적인 삶의 태도를 나타낸다.

故白馬非馬.

50) 『荀子』, 卷11「天論」, p.218, 天行有常. 不爲堯存, 不爲桀亡. 應之以治則吉, 應之以亂則凶. 彊本而節用, 則天不能貧. 養備而動時, 則天不能病 …… . 故明於天人之分, 則可謂至人矣.

위와 같이 자연을 객관적으로 인식한 순황은 인간의 감각을 인식의 원천으로 생각하여 천관(天官)이라 하고, 개별적인 감각을 통합할 수 있는 지각능력을 지닌 심(心)을 천군(天君)이라고 설정한다.[51] 이러한 인식 논리는 매우 체계적이고 합리적이며, 이 논리가 과학적인 이론으로 발전할 수 있는 가능성이 매우 높은 것이다. 여기서 순황의 자연인식이 내포하고 있는 의미는 바로 자연을 인식 가능성의 범주에 포함시켰다는 점이다. 다시 말해 순황은 자연을 보편적으로 파악하는 일반적 경향을 극복하여, 인간과 자연을 명확히 구분 짓고 자연에 대한 인간의 인식 가능 근거를 논리적으로 확보한 것이다. 뿐만 아니라 순황이 "자연에 순종하며 자연을 칭송하는 것과 자연의 구성물을 제어하고 이용하는 것은 어느 것이 바람직한가?"[52]라고 하였을 때, 인간을 위해 자연을 적극적으로 변화시킬 것을 제창한 것이다.

이상과 같은 과학적 자연인식은 원시적 자연인식 가운데 자연을 객관적인 대상으로 인식하려는 소박한 유물론의 경향을 발전적으로 계승한 이론이다. 즉 과학적 자연인식은 자연을 객관적으로 보았다는 측면에서 자연주의적 인식과 연결되고, 매우 보편적인 인식 논리의 체계화를 시도한 측면에서는 소박한 유물론적 인식과는 질적으로 다른 발전된 인식 논리를 보여준 것이다.

그런데 과학적 자연인식의 사상들이 대부분 중국의 전국(戰國; 403-221 B.C.)이라는 특정한 시대에 집중적으로 나타난다는 사실에 주목할 필요가 있다. 이러한 현상은 당시의 생산력이 급격하게 발달한 것과 긴밀한 관련이 있다. 중국에서 전국 시대는 농기구의 발달과 수리시설의 확대로 농업 생산이 크게 증대되었으며, 수공업과 상

---

51) 『荀子』, 卷11「天論」, p.219, 耳目鼻口形能, 各有接, 而不相能也. 夫是之謂天官. 心居中虛, 以治五官. 不是之謂天君.
52) 『荀子』, 卷11「天論」, p.221, 從天而頌之, 孰與制天命而用之.

업도 비약적으로 발달하였던 시기이다.[53] 따라서 당시의 생산력 발달과 과학적 자연인식의 등장은 서로 밀접한 관계가 있는 것이다. 그러나 이 과학적 자연인식은 중국의 자연인식의 주류를 형성하지 못한 것이 역사적 사실이다. 또한 15세기까지 동시대의 유럽을 훨씬 능가한 중국의 기술 발견과 발명에도 불구하고,[54] 서양은 근대 과학이 출현하였지만, 중국의 경우는 그렇지 못했던 것이다. 여기서 중국 사상사에서 과학적 자연인식이 서양에 비해 상대적으로 침체된 원인이 문제로 남는 것이다. 그리고 이것은 중국에서 과학이 발달하지 못한 이유와 연결되어, 이 문제를 둘러싸고 많은 학자들의 연구가 이루어졌다. 그런데 중국에서 근대 과학이 발생하지 않은 원인을 묻는 질문 자체를 비판적으로 바라보는 그라함(A. C. Graham)의 견해[55]나, 질문에 대한 즉각적인 답변을 유보하고 세부적 연구의 필요성을 제기하는 나산 시빈(Nathan Sivin)의 입장[56]도 있다. 그러나 정확한 문제제기가 역사적 진리의 규명을 촉진하듯이, 중국에서 과학이 발생하지 않은 원인을 묻는 질문도 중국의 전근대 사회가 지닌 문제점을 파악하는 데 많은 도움이 된다고 생각한다.

그렇다고 해서 질문에 대한 답변이 모두 적합한 것은 아니다. 예를 들어 호적(胡適)은 "중국을 뒤떨어지게 만든 것은 다름 아닌 과학"이며, "중국의 가치 기준은 과학을 필요로 하지 않았기 때문에 중국에는 과학이 없었다."[57]고 주장한다. 그러나 이것은 기본적으로 풍우란(馮友蘭)의 답변과 동일한 것으로 "동어반복에 불과할 뿐",[58] 중국에

---

53) 張傳璽 主編: 中國古代史綱 下 (北京: 北京大出版社, 1989), pp.133–143.
54) Joseph Needham: SCC Vol. I, pp.3–4.
55) 김영식 편: 역사 속의 과학 (서울: 창작과 비평사, 1982), pp.61–85.
56) 김영식 편: 중국 전통문화와 과학 (서울: 창작과 비평사, 1986), pp.13–29.
57) 박성래 편: 중국과학의 사상 (서울: 전파과학사, 1978), pp.11–12.
58) 양재혁: 동양사상과 마르크시즘 (서울: 일월서각, 1987), p161.

서 과학이 발달하지 않은 원인에 대한 충분한 답변이 될 수 없다. 왜 냐하면 호적의 해명은 중국의 가치 기준이 중국의 사회경제적 배경 에서 비롯된다는 점을 간과한 것이며, 과학이 발달하지 못한 원인을 중국의 과학기술의 특징에서 찾지 못한 것이기 때문이다. 오히려 중 국에서 과학이 발달하지 못한 원인을 정치적으로 봉건적인 독재 정 치, 경제적으로는 중농억상(重農抑商) 정책, 문화적으로는 전제적인 문화 정책, 그리고 중국의 과학기술의 특징인 경험과학의 한계 등에 서 원인을 규명하는 것[59]이 보다 객관적이고 합리적인 방법이다.

---

59) 철학사상연구회 편: 현대 중국의 모색 (서울: 동녘, 1992), pp.239 245.

제 3 장

송대 신유학의 주요개념

송대 신유학에서 가장 중요한 논리적 범주는 기(氣)와 이(理) 개념이라고 할 수 있다. 동아시아의 사상사를 살펴볼 때, 이(理)와 기(氣) 개념을 둘러싸고 수많은 논쟁이 있었다. 예를 들어 중국(中國)에서 태극(太極) 개념을 둘러싸고 주희(朱熹; 1130－1200)와 육구연(陸九淵; 1139－1193)이 무극이태극(無極而太極)의 논쟁을 전개하거나, 이(理) 개념에서 각각 성즉리(性則理)와 심즉리(心則理)를 강조하는 입장의 차이가 존재한다. 또한 조선(朝鮮)에서도 이(理)와 기(氣)를 둘러싼 이황(李滉; 1501－1570)과 기대승(寄大升; 1527－1572)의 사단칠정(四端七情)의 논쟁이 그 대표적인 예라 할 수 있다. 그런데 일본에서는 강호(江戸) 시대에 송대 신유학이 전폭적으로 수용되었지만, "본래 주자학이 갖고 있던 추상적, 사변적인 철학적 요소는 후퇴하고 대신 봉건적 신분 관계와 군신 관계에 관련되는 논의에 특히 집중된 점이 주목된다."[1]

이(理)와 기(氣) 개념에 대한 연구의 문제는 이기(理氣) 개념의 모호함을 오늘날까지 계속 답습하는 경향이 있다는 점이다. 즉 이(理)와 기(氣) 개념을 현대적으로 해석하는 것은 본래의 의미를 벗어나

---

[1] 松島隆裕 외 공저: 동아시아 사상사, 조성을 역 (서울: 한울출판사, 1991), p.179.

거나, 그 자체가 주관적인 해석이 될 수가 있으므로, 현대적 의미로 해석하기보다 그대로 이(理, Li)와 기(氣, Chi)라고 하겠다는 입장이 그것이다. 니담(Needham)의 경우도 전통적인 중국 철학의 개념을 현대적인 의미로 해석하는 데 상당한 어려움이 따른다고 한다.[2] 그러나 니담(Needham)은 비록 괄호를 사용하긴 했지만, 중국철학의 주요 개념을 현대적 의미로 재해석하고 있다. 기(氣)를 'Chhi(Matter)'로 이(理)를 'Li(Organisation)'[3]로 해석하고 있는 것이다.

그런데 이(理)와 기(氣) 개념을 현대적 의미로 다시 규정하지 않는다면, 이(理)와 기(氣) 개념은 영원히 이해할 수 없는 '그 어떤 것(Etwas)'으로 전락하고 말 것이다. 그렇게 되면 과거의 사상은 오직 골동품으로만 남게 되어, 한문을 독해할 수 있는 소수 한학자(漢學者)의 완상물(玩賞物)이 될 것이다. 또한 구체적인 현실의 모순을 이해하고 극복하려는 실천적 노력과는 아무 연관도 없게 될 것이다. 그러므로 어느 시대 어느 사상가의 이(理)와 기(氣) 개념은 오늘날 어떠한 의미를 지니고 있는지 논리적으로 분석하고 체계적으로 종합하는 과학적 연구는 매우 중요한 철학적 작업이라 할 수 있다.

송대 신유학의 주요 개념을 현대적으로 해석하는 문제는 두 가지 측면에서 그 타당성이 입증된다. 첫째, 현대학문 특히 철학은 서양철학의 논리를 바탕으로 성립되어 있다. 이것은 우리가 주관적으로 부정할 수 없는 역사적 사실에 속하는 문제이다. 그리고 둘째, 학문의 보편성을 위해서도 특수한 전근대 철학 개념을 현대적으로 해석하는 것이 타당하다. 다만 동음동형(同音同形)의 철학 개념이라 해도 각 시대 각 철학자에 따라 그 개념의 외연과 내포가 달라지는 것에 충분히 주의할 필요가 있다. 예를 들면 천(天)이나 이(理) 또는 기(氣)

---

2) Joseph Needham: *SCC* Vol. II, pp.474-475.
3) Ibid., p.472.

개념 등이 그러하다. 천(天) 개념의 경우는, 이미 제2장에서 개념의
변화 과정을 체계적으로 설명하였다. 이제 이(理)와 기(氣) 개념을
중심으로 송대 신유학의 주요 개념을 살펴보겠다. 서술 순서는 우선
이(理)와 기(氣) 개념을 개별적으로 분석한 후, 이(理)와 기(氣) 개념
을 상호관계의 측면에서 다루고자 한다.4) 그리고 송대 신유가 가운
데 북송(北宋) 오자(五子)인 주돈이(周敦頤), 소옹(邵雍), 장재(張載),
정호(程顥), 정이(程頤)의 이기론(理氣論)을 먼저 분석한 뒤, 남송(南
宋) 주희(朱熹)의 이기론(理氣論)을 통해 송대 신유학의 자연 개념의
특징을 검토할 것이다.

제1절 기(氣) 개념

중국 사상사에서 기(氣) 개념은 자연인식의 측면에서 중요한 역할
을 담당하고 있다. 왜냐하면 중국 철학은 기(氣)를 통해 다양한 물질
현상을 이해했기 때문이다. 특히 신유학의 경우 기(氣) 개념을 중심
으로 자연과 인간의 모든 현상을 설명하는 경향이 존재했다는 측면
에서 기(氣) 개념을 집중적으로 다룰 필요가 있다.

기(氣)의 어원은 최초 공기의 흐름을 형상화한 것에서 비롯된다.5)

---

4) 理와 氣 개념에 대한 송대 이전의 사적 고찰은 다음을 참고하라. 葛榮晉:
中國哲學範疇史 (哈爾濱: 黑龍江人民出版社, 1987), pp.80－83. 張立文
主編: 氣(1990), 기의 철학 상, 김교빈 외 공역 (서울: 예문지, 1992). 馮契
외: 中國哲學範疇集 (北京: 人民出版社, 1985), pp.107－112, pp.237－249.
특히 불교와 도교의 理 개념에 대해서는 다음을 참조하라. 張立文 主
編: 理 (北京: 中國人民大學出版社, 1991), pp.100－106.

이것은 기(氣)의 운동성과 매우 긴밀한 연관이 있다. 다시 말해 기(氣) 개념은 발생 초기부터 자연의 운동과 변화라는 현상과 밀접히 관련된 것이다. 이러한 기(氣) 개념의 원초적 의미는 중국 철학사에서 매우 다양한 외연과 내포의 범주로 확대된다. 기(氣) 개념에 대한 해석은 기체와 같은 구체적인 것에서 추상적인 개념에 이르기까지 매우 다양하다. 예를 들어 기(氣)는 도가(道家)의 자연주의(自然主義) 맥락에서 아지랑이(野馬)[6]로 이해되며, 선진(先秦) 유학(儒學)의 '호연지기(浩然之氣)'[7]에서 기(氣) 개념이 열정적 본성(熱情的 本性, Passion-Nature)[8]으로 번역되기도 한다. 그리고 송대 신유학의 기(氣) 개념이 생기력(生氣力, Vital Force)[9]으로 해석되기도 하는 것이다. 또한 근대 이후에 기(氣) 개념은 에테르(Ether),[10] 프네우마(Pneuma),[11] 질료(Hylē: Matter),[12] 물질에너지(Material Energy) 등으로 규정되기도 한다.[13] 여기서는 먼저 초기 신유가의 기(氣) 해석을

---

5) 『說文解字』, p.14, 气, 雲氣也. 象形.

6) 『莊子』, 卷1「逍遙遊」, p.5, 野馬也, 塵埃也, 生物之以息相吹也. 野馬에 대해 郭象(?-312)은 '遊氣'로, 崔譔은 '천지간의 氣가 들판의 말처럼 달리는 것이다(天地間氣, 如野馬馳也)'라고 해석한다. 두 해석은 氣의 운동적 특성에 주목한다는 측면에서 공통점이 있다.

7) 朱熹 集註: 經書 (서울: 成均館大 大東文化研究院, 1990), 『孟子』, 「公孫丑上」, pp.498-506.

8) James Legge, trans: The Chinese Classics, Vol.Ⅱ (대북: 돈황서국, 1978), p.189.

9) Siu-chi Huang: *Chang Tsai's Concept of Ch'i*, Philosophy East and West, vol.18, (Honolulu: University of Hawaii, 1968), p.247.

10) 중국 근대 철학사에서 譚嗣同(1865-1898)은 『仁學』에서 氣를 본체인 ether(以太)로 仁을 Ether의 작용으로 해석한다. 이러한 현상은 중국 철학이 근대에 이르러 氣를 새롭게 이해하려는 노력의 산물이라고 할 수 있다. 참조. 侯外廬 主編: 中國近代哲學史 (北京: 人民出版社, 1978), pp.214-221.

11) Steven J. Bennett: *Chinese Science: Theory and Practice*, Philosophy East and West, vol.28, (Honolulu: University of Hawaii, 1978), p.445.

12) 馮友蘭: 中國哲學史 下 (北京: 中華書局, 1961), p.903.

살펴보고, 다음으로 신유학의 집대성자인 주희(朱熹; 1130 - 1200)의
기(氣) 개념을 체계적으로 규명하여 현대적인 의미로 재해석하고자
한다. 그런데 송대(宋代) 신유학(新儒學)의 연원은 송초(宋初) 유학
부흥에 앞장선 호원(胡瑗; 993 - 1059), 손복(孫復; 992 - 1057), 석개
(石介; 1005 - 1045)를 비롯하여, 당대(唐代)의 한유(韓愈; 768 - 824)
나 이고(李翶; 772 - 841)로까지 거슬러 올라가기도 한다. 그러나 여
기서는 논의의 집중을 위해 북송(北宋) 오자(五子)인 장재(張載), 소
옹(邵雍), 주돈이(周敦頤), 정호(程顥), 정이(程頤)를 북송(北宋) 신유
가(新儒家)로 파악하며, 기(氣) 개념에 대한 해석도 각기 차이가 있
으므로 송대 신유학을 집대성한 남송(南宋)의 주희(朱熹)를 중심으로
기(氣) 개념을 분석할 것이다.

　　우선 대표적인 기(氣) 철학자라 할 수 있는 장재(張載; 1020 - 1077)
의 기(氣) 개념을 살펴보자. 중국의 전통적인 기(氣) 개념을 받아들인
장재는 기(氣) 개념을 태허(太虛)와 연관지어 다음과 같이 설명한다.

　　　　氣는 太虛로 널리 퍼진다. 氣의 상승과 하강, 솟구침과 운동으로
　　영원히 멈추지 않는다.[14]

　　여기서 장재는 기(氣)를 끊임없이 운동하는 존재로 파악하고 있
다.[15] 그리고 그 기(氣)는 응결하여 만물이 되며, 기(氣)의 본체는

---

13) 張立文은 중국 철학사의 氣 범주를 雲氣, 精氣, 元氣, 無有, 識現, 神
　　氣, 太虛, 以太 등의 의미로 분류하여 설명한다. 그리고 氣의 함의를
　　'자연 만물의 근원', '객관적 존재인 질료', '動態기능을 갖춘 객관실
　　체', '우주에 가득 찬 물질매개', '인간의 性命', 그리고 '도덕' 개념으
　　로 이해한다. 참조. 張立文 主篇: 기의 철학(上), 김교빈 외 공역 (서
　　울: 예문지, 1992), pp.32 - 39.
14) 張載 撰, 朱熹 注: 張子全書 (臺北: 臺灣商務印書館, 1968), 卷2「正
　　蒙·太和」, p.23, 氣坱然太虛, 升降飛揚, 未嘗止息.
15) 『張子全書』, 卷2「正夢·太和」, p.22, 太虛無形, 氣之本體, 其聚其散,

다름 아닌 태허(太虛)[16]라고 이해한다. 또한 이러한 기(氣)의 특성을 물과 얼음의 상호 전환을 예로 들어 설명한다. 다시 말해 그는 "기(氣)가 태허(太虛)에서 모이고 흩어지는 것은 물이 얼음이 되고 녹는 것과 유사하다. 태허(太虛)가 곧 기(氣)라면 무(無)는 없다는 것을 알게 된다."[17]라고 설명한다. 여기서 무(無)란 바로 도가적 의미의 무(無) 개념으로, 장재의 기(氣) 개념이 도가 사상과의 대립 구도에서 중요한 역할을 하고 있다는 것을 알 수 있다. 또한 장재는 기(氣)를 자연의 끊임없는 변화, 즉 운동으로 인식한다. 이러한 논리는 장재의 기(氣) 개념이 만물의 구성 요소이자, 기(氣)의 변화가 만물 변화의 근본적인 원인임을 말해준다.

그렇다면 다른 신유가는 기(氣)를 어떻게 해석하고 있는지를 살펴보자. 비록 정호(程顥; 1032–1085)와 정이(程頤; 1033–1107)는 장재와 달리 이(理) 중심의 철학체계를 수립했지만,[18] 물질현상을 설명하는 곳에서는 기(氣) 개념을 적극적으로 활용하고 있다.

사물이 생기는 것은 氣가 모이는 것이고, 사물이 없어지는 것은 氣가 흩어지는 것이다.[19]

變化之客形爾.

16) 『莊子』, 卷7「知北遊」, p.111, 無始曰, 有問道而應之者, 不知道也. 雖問道者, 亦未聞道. 道無問, 問無應. 無問問之, 是問窮也. 無應應之, 是無內也. 以無內待問窮, 若是者, 外不觀乎宇宙, 內不知乎大初, 是以不過乎崑崙, 不遊乎大虛. 여기서 郭象은 '大音泰'로 설명하고 있다.

17) 『張子全書』, 卷2「正蒙·太和」, p.24, 氣之聚散於太虛, 猶冰凝釋於水, 知太虛卽氣, 則無無.

18) 程顥와 程頤를 동일한 사상으로 간주하기에는 어려움이 따른다. 예를 들어 程顥는 본성을 氣(性卽氣)로 파악하고 있으며, 程頤는 본성을 理(性卽理)로 파악하고 있다. 그러나 본 논문에서는 程顥의 철학 체계가 天理에 기반하고 있다는 사실을 전제로 程頤와 함께 理 철학의 공유자로 이해한다.

19) 楊時 編: 二程粹言, 景印文淵閣四庫全書 (臺北: 臺灣商務印書館, 1983),

여기서 이정(二程)은 사물의 발생과 소멸을 기(氣)의 취산(聚散, 모이고 흩어지는 것)으로 설명하고 있다. 이러한 기(氣)의 취산(聚散)의 논리는 도가(道家)의 사생관(死生觀)에서 전형적으로 나타나며,[20] 장재에게서도 분명하게 제시되고 있다.[21] 또한 이정(二程)은 물질의 운동을 기화(氣化)로 해명한다는 점에서 표면적으로 장재와 동일한 사유구조인 것처럼 보인다. 그런데 장재는 형체가 있는 것과 형체가 없는 것의 끊임없는 상호전환의 운동으로 기화를 설명하고 있다. 그러나 이정(二程)은 기화를 구체적인 물체로 형성되는 초기 과정으로 설명하여, 기화를 단지 형체가 없는 것에서 형체가 있는 것으로의 운동 과정으로 이해한 것이다.[22] 이와 같이 장재와 이정의 기(氣) 개념은 물질 운동의 측면에서 서로 차이가 있다고 할 수 있다.

이러한 신유가의 기(氣) 개념은 주희에 이르러 집대성된다. 주희가 기(氣)를 어떻게 파악하고 있는가를 이해하기 위해서는 그의 편찬서, 저서, 어록, 그리고 제자들의 문헌을 참조할 필요가 있다. 그런데 본 논문은 주희와 제자의 대화를 기록한 『주자어류(朱子語類)』[23]를 중심으로 주희(朱熹) 사상을 검토할 예정이다. 왜냐하면 『주자어류(朱子語類)』는 주희(朱熹)가 죽은 뒤 제자들에 의해 편집되었으며, 그 속에는 송대 신유학의 자연인식에 관한 비교적 풍부하고 체계적인 논의가 담겨 있기 때문이다.

卷下「人物」, p.434, 物生者, 氣聚也. 物死者, 氣散也.

20) 『莊子』, 卷7「知北遊」, pp.107－108, 生也死之徒, 死也生之始, 孰知其紀. 人之生, 氣之聚也. 聚則爲生, 散則爲死. 若死生爲徒, 吾又何患.

21) 『張子全書』, 卷2「正夢・太和」, p.22, 太虛無形, 氣之本體, 其聚其散, 變化之客形爾.

22) 程顥・程頤 撰, 朱熹 編: 二程遺書, 景印文淵閣四庫全書 (臺北: 臺灣商務印書館, 1983), 卷5, p.69, 萬物之始, 皆氣化, 旣形然後以形相禪, 有形化形化長, 則氣化漸消.

23) 黎靖德 編: 朱子語類 (北京: 中華書局, 1994).

굽히고 펴지며 가고 오는 것이 氣다. 천지 사이에 氣가 아님이 없
고, 인간의 氣와 천지의 氣는 항상 서로 접하여 끊어짐이 없지만 인
간이 보지 못하는 것이다.[24]

주희의 기(氣) 개념은 자연의 운동과 만물의 구성요소로 파악한다
는 점에서 장재의 기(氣) 개념과 유사하다. 그리고 주희는 기(氣)가
인간의 감각으로 지각되지 않는다는 점을 강조하고 있는 것이다. 여
기서 중요한 것은 '자연의 기(氣)와 인간의 기(氣)가 서로 교섭한다'
는 인식이다. 주희의 이러한 자연인식은 기(氣)를 매개로 하여 자연
과 인간의 상호관계를 설명한다는 점에 그 특징이 있다. 이러한 논
리를 보다 구체적으로 살펴보기 위해, 좀 더 원전에 나와 있는 주희
의 기(氣) 개념을 분석해 보겠다.

주희는, "천지(天地)가 다만 일기(一氣)이며, 저절로 음양으로 나
뉘고 음의 기(氣)와 양의 기(氣)가 서로 감응하여 만물을 생성한다.
그러므로 사물은 일찍이 대조되지 않은 적이 없다"[25]고 하였다. 그
리고 감각적으로 지각할 수 있는 사물은 "기(氣)가 모여 형체를 이
룬다."[26]거나, "기(氣)가 있으니 형체가 있다."[27]고 이해하여, "사물
은 주로 형체이며, 기(氣)에 의해 생겨난다."[28]고 결론짓는다. 또한
주희는 자연 현상의 다양성을 일기(一氣)[29]에서 유추하고 있다. 여
기서 주희의 기(氣) 개념은 만물의 형태적 구성 요소, 즉 물질의 소

---

24) 『朱子語類』, 卷3「鬼神」, p.34, 屈伸往來者, 氣也. 天地間無非氣, 人之
　　氣與天地之氣常相接, 無間斷, 人自不見.
25) 『朱子語類』, 卷53「孟子3」, p.1286, 天地只是一氣, 便自分陰陽. 緣有陰
　　陽二氣相感, 化生萬物, 故事物未嘗無對.
26) 『朱子語類』, 卷5「性理2」, p.85, 理未知覺, 氣聚成形, 理與氣合, 便能知覺..
27) 『朱子語類』, 卷63「中庸2」, p.1547, 有是氣 便有是形, 無非實者.
28) 『朱子語類』, 卷63「中庸2」, p.1544, 物主乎形, 待氣而生.
29) 『莊子』, 卷7「知北遊」, p.108, 故萬物一也, 是其所美者爲神奇, 其所惡者爲臭
　　腐, 臭腐復化爲神奇, 神奇復化爲聚腐. 故曰, 通天下一氣耳. 聖人故貴一.

재(素材, Stoff)적 측면이 두드러지게 나타나고 있음을 알 수 있다.

그런데 장재의 기(氣) 개념이 기(氣)의 취산(聚散)에 따라 형태가 있는 것과 형태가 없는 것의 상호전환을 전제로 한 논리임에 반해, 주희는 기(氣)를 "한 번 없어지면 그것으로 그만이니, 어찌 흩어진 것이 다시 모이는 기(氣)가 있겠는가?"[30]라고 하여, 일단 흩어진 기(氣)는 다시 모일 수 없다는 논리를 전개한다. 이것은 물질 사이의 불가역성을 의미하는 것으로, 주희와 장재의 방법론적 차이를 나타낸다.

만약 주희의 논리에 입각할 경우, 기(氣)가 흩어지는 것으로 끝난다면, 항상 새로운 기(氣)가 있어 끊임없이 만물을 생성한다는 논리가 성립할 것이다. 그런데 그 새로운 기(氣)는 어떻게 생성될 수 있는지에 대해서는 합리적으로 설명할 방법이 없게 되는 것이다. 이와 같이 기(氣) 개념에 대한 주희의 설명은 자연의 현상을 파악하는 데 있어, 관념론적 방법의 잔재가 남아 있는 것이 특징이다. 이에 반해 장재의 경우는 자연의 현상을 보다 일관된 유물론적 방법으로 해석한 것으로 평가할 수 있다. 원래 기(氣)의 취산(聚散) 문제는 조상숭배에 대한 제자의 질문에서 비롯되었는데, 주희는 조상숭배의 합리적 논거를 제시하지 못하고 있는 것이다.[31]

그런데 주희는 신(神)의 목적의식적 창조라는 관념이 아닌 기화(氣化)라는 무의식적 과정을 통해 생물의 생성을 설명하고 있다. 예를 들어 주희는 "한 사람이 태어날 때 어떻습니까?"라는 질문에, "기화(氣化)로 태어나는데, 음양과 오행의 정수가 결합하여 형성되는 것이다."[32]라고 답변한다. 또한 주희가 "천지(天地) 사이에 단지 음양이 운동할 뿐이다. 알지 못하는 사이에 사람이 하나 태어나고, 알지 못하는

---

30) 『朱子語類』, 卷1「理氣上」, p.8, 一去便休耳, 豈有散而復聚之氣.
31) 山田慶兒: 朱子の 自然學 (東京: 岩波書店, 1978), pp.431－432.
32) 『朱子語類』, 卷1「理氣上」, p.7, 問, 生第一箇人時如何. 曰, 以氣化. 二五之精合而成形.

사이에 사물이 하나 생긴다. 그러한 운동이 사물을 낳는 것이다."[33]
고 했을 때, 바로 물질의 운동 원인을 외적인 힘의 작용 없이 내재
적인 자발적 계기로 설명하고 있다. 다시 말해 서양의 중세 신학에
서는 운동을 추동시키는 최초의 작용을 신(神)과 같은 외부의 힘으
로 해명하는 것이 일반적이지만, 중국의 기(氣) 철학에서는 물질 자
체의 내적인 힘인 기(氣)로 물질의 운동 현상을 설명하는 것이 일반
적이다.[34]

   이러한 주희의 기(氣) 개념은 특히 살아 있는 유기체(有機體)의 역
동적인 생명 현상을 다루기에는 매우 적합한 논리적 개념인 것이다.
왜냐하면 모든 생명체는 자신의 생물학적 본능에 따라 물질대사를
영위하는 운동의 내재성을 지니고 있기 때문이다. 따라서 기(氣) 개
념의 역동적인 유기체적 특성은 기(氣)를 생명력(生命力) 또는 生氣
力(Vital Force)이나 물질 에너지(Material Energy) 등으로 해석할 수
있는 논리적 근거가 마련되는 것이다. 그런데 니담(Needham)의 경우
기(氣)를 물질 에너지로 해석할 수 있다고 인정하지만, 생기력(Vital
Force)으로 해석하는 것에는 부정적인 입장을 표명한다.[35] 그러나 기
(氣) 개념으로 생명현상을 설명할 경우, 기(氣)를 생기력(生氣力)으로
해석하는 것[36]은 논리적으로 타당하다고 생각한다.

   지금까지의 논의를 정리해 보면, 주희의 기(氣) 개념은 다음과 같
은 특징을 지닌다. 첫째, 기(氣)가 응집할 때 인간의 감각으로 지각할
수 있는 구체적인 물질이 된다. 둘째, 기(氣)가 분산할 때 인간의 감
각으로는 지각할 수 없는 추상적인 물질인 것이다. 그리고 셋째, 기

---

33) 『朱子語類』, 卷98「張子之書1」, p.2508, 天地之間, 二氣只管運轉. 不知
    不覺生出一箇人 不知不覺又生出一箇物 卽他這箇斡轉 便是生物時節.
34) 『易經』, 卷22「繫辭上」, p.579, 一陰一陽之謂道.
35) Joseph Needham: *SCC* Vol.Ⅱ, Op.cit., p.472. 각주 f를 참조할 것.
36) Siu-chi Huang. Op.cit., pp.247 259.

(氣)는 자연의 운동현상과 생명현상을 논리적으로 설명할 수 있는 중요한 개념이다. 마지막으로 기(氣)는 관념적으로 존재하는 것이 아니라 객관적으로 존재하는 자연 대상을 파악하기 위한 철학적 개념이다. 그러므로 주희의 기(氣) 개념은 현대적 의미로 해석할 경우, 물질(物質, Matter: Materie)[37]로 규정될 수 있다.

그런데 주희의 기(氣) 개념은 반드시 이(理) 개념과 함께 논의해야 그의 전체 철학 체계에 부합한다는 특징이 있다. 이러한 점이 장재의 기(氣) 개념과는 다른 주희의 기(氣) 개념의 특징이다.[38] 다시 말해 장재의 경우는 기(氣)의 취산(聚散)만으로 자연현상을 충분히 설명하였지만, 주희의 경우는 이(理)와 기(氣)의 결합으로 자연현상을 설명하고 있다. 이러한 현상은 결국 방법론적 차이에서 비롯된 것으로, 주희의 경우는 기(氣) 개념만으로는 자연 현상을 충분히 설명할 수 없었다는 것을 의미한다. 다시 말해 주희에게는 방법적으로 기(氣)와 함께 이(理) 개념이 요청되었던 것이다. 다음 절에서 요청으로서의 이(理) 개념에 대해 분석해 보겠다.

제2절 이(理) 개념

송대 신유학의 전통적인 명칭이 이학(理學), 성리학(性理學)으로 불

---

37) 여기서 물질을 협의의 개념인 질료 또는 素材의 의미로 국한한다면 논리적으로 상당히 무리가 따른다. 그러나 오늘날 물질 개념이 질료적 의미와 물질 에너지의 의미를 함께 포함한다는 것을 전제한다면, 주희의 氣 개념을 物質이라고 정의할 수 있는 것이다.

38) 『朱子語類』, 卷1「理氣上」, p.2, 天下未有無理之氣, 亦未有無氣之理.

리었듯이 이(理) 개념은 신유학의 핵심 개념이다. 기(氣) 개념과 함께 빈번하게 거론되는 이(理) 개념은 중세 중국 사상계를 지배한 대표적인 철학 개념인 것이다. 그리고 기(氣) 개념과 마찬가지로 이(理) 개념도 매우 다양하게 해석되고 있다. 그런데 기(氣) 개념이 송대 이전부터 중국 사상사에서 지속적으로 자연인식에 큰 영향을 미쳤던 것에 반해, 이(理) 개념은 송대에 이르러 신유가의 새로운 해석으로 본격적으로 부각된 개념이라 할 수 있다.

이(理)의 최초 의미는 "다스리다"라는 동사(動詞)로, "토지를 다스린다"39)거나 "옥을 다스린다"40)는 것으로 활용되었다. 이러한 이(理)의 의미가 후대에 그 개념의 외연이 확대되는 과정에서 명사(名詞)로 되었다고 할 수 있다. 예를 들어 이(理)는 최초 토지나 옥을 "다스린다"라는 의미에서 토지의 경계나 나무, 돌, 근육과 같은 자연물의 결이나 무늬(Line)의 뜻으로 확대된 것이다. 그리고 이후 이(理) 개념은 도리(道理), 형상(形相, Eidos: Form),41) 질서(Order), 유형(Pattern), 원리(Principle),42) 정신(Geist), 이성(Idee), 법칙(Law: Gesetz) 등으로 다양하게 해석되고 있다.43) 그 가운데 특히 이(理)를 법칙(Law)으로 해석하는 경향은 신유학의 자연인식에 대한 평가에 큰 영향을 미치므로 엄밀하게 분석할 필요가 있다. 왜냐하면 이(理)를 자연의 법칙(Law of Nature)으로 해석한다면, 중세 중국사상사에 이미 근대 과학

---

39) 『詩經』, 卷13「小雅·信南山」, p.281, 我疆我理, 南東其畝.
40) 『說文解字』, p.12, 理, 治玉也. 從玉里聲.
41) 馮友蘭: 中國哲學史 下 (北京: 中華書局, 1961), p.903.
42) Wing-tsit Chan: *The Evolution of the Neo-Confucian Concept Li as Principle*, Tsing Hua Journal of Chinese Studies 4 (Taipei: 1964).
43) 張立文은 중국철학에서 理 개념이 治理·規律, 義·禮, 名理, 有無, 空理, 天理, 心, 氣, 公理 등으로 해석된다고 논증하고 있다. 그리고 理의 현대적 의미는 '만물의 본체', '사물의 법칙', '주체 의식', 그리고 '도덕 윤리의 관념, 원칙, 규범'이라고 한다. 참조. 張立文 主編: 理 (北京: 中國人民大出版社, 1991), pp.1-6.

적 사고가 존재했다는 것을 입증하는 매우 중요한 단서가 되기 때문
이다.

신유학의 이(理) 개념을 법칙으로 이해하는 경향44)에 대한 논
리적 비판은 니담(Needham)에 의해 본격적으로 전개된다.

마찬가지로 理를, 자연 (과학적) '법칙'이라고 번역한 Bruce, Hackmann,
Henke, Warren, Bodde 등의 해석은 잘못이다. 이러한 해석은 중국인이
어느 시기에 자연 법칙이라고 하는 개념을 전개하였는가에 대한 전반적
인 문제에 대해서 성급한 판단을 내리고 있다.45)

여기서 니담(Needham)은 이(理) 개념을 자연의 법칙(法則)으로 해
석할 수 없다는 매우 신중한 논리를 전개하고 있다. 그리고 그는 기
본적으로 중국철학의 주요 개념을 번역하지 않고 발음 그대로 사용
할 것을 밝히고 있다. 그런데 만약 이(理)를 현대적 의미로 해석한다
면 조직(Organisation) 또는 조직의 원리(Principle of Organisation)로
해석할 수 있다고 보고 과학사의 입장에서 주희의 이(理) 철학을 높
게 평가하고 있는 것이다.46) 이러한 니담(Needham)의 견해에 대해
진영첩(陳榮捷; 1901-1994)은 다음과 같이 비판하고 있다.

유감스럽게도 니담(Needham)은 程頤의 중요성을 낮게 평가하고, 이
것이 朱熹에 대한 해석에 영향을 미쳤으며, 그것이 이번에는 그가 理를

44) 馮友蘭이 직접 영문으로 쓰고, 나중에 Derk Bodde가 편집한 중국철학
   사에는 理가 원리(Principle) 또는 법칙(Law)으로 해석되고 있다. Fung,
   Yu-Lan: *A Short History of Chinese Philosophy* (New York: Macmi-
   llan, 1948), 특히 p.296을 참조.
45) Joseph Needham: *SCC* Vol.II, p.472. 또한 理 개념과 자연법칙의 관계
   에 대한 보다 상세한 서술은 pp.565-570을 참조할 것.
46) Ibid., p.475.

법칙으로 이해하는 것을 방해하였던 것이다. 비록 理가 많은 의미를 담고 있으며 이성(Reason)이나 법칙(Law)으로 해석될 수 없다고 하더라도, 위에서 거론했듯이 格物論의 기초인 보편적 법칙(a universal law)－나(진영첩: 인용자 주)는 원리(Principle)를 선호한다－임은 분명하다.[47]

그런데 위 논의에서 진영첩은 개념상 혼란을 거듭하고 있다. 첫째, 법칙과 원리를 구분하지 않고 있다. 그리고 둘째, 법칙을 Law와 a universal law로 나누는 기준이 모호하다. 이렇게 진영첩의 이(理) 개념에 대한 논의가 혼란스러운 이유는 법칙(Law)과 원리(Principle)를 논리적으로 엄밀하게 구분하지 않고 자의적으로 사용하기 때문이다.[48]

엄밀한 의미에서 법칙(Law)은 물질의 내적 필연성을 특징으로 하며, 특히 자연 법칙의 경우 가치 개념이 배제되고 자연을 정량적(定量的) 방법(方法)으로 파악한다는 점에서 근대 과학의 성립과 매우 밀접한 관계가 있다. 그러나 원리(Principle)는 근본적으로 가치 개념을 포함하고, 자연을 정성적(定性的) 방법(方法)으로 파악한다. 이러한 개념 규정을 전제할 때, 법칙과 원리는 상호 구별하여 사용하는 것이 타당하다.

그렇다면 신유학의 이(理) 개념을 어떻게 해석하는 것이 논리적으로 타당한지를 송대 신유가를 통해 검토할 필요가 있다. 먼저 이(理) 개념에 대한 정호(程顥)의 해석을 살펴보겠다.

만물은 대조되는 것이 없지 않으니, 하나의 음이고 하나의 양이며,

---

47) 참조 Wing－tsit Chan: *Neo－Confucianism and Chinese Scientific Thought* Philosophy, East and West, vol.6 (Honolulu: University of Hawaii, 1957), p.329.

48) 진영첩은 이후 다른 논문에서 理를 原理로 해석하고 있다. 참조. Wing－tsit Chan: *The Evolution of the Neo－Confucian Concept Li as Principle,* Tsing Hua Journal of Chinese Studies 4 (Taipei: 1964).

하나의 선이고 하나의 악이며, 양이 성하면 음이 쇠하고, 선이 증진되면 악이 감소하니, 이것이 理다. 그것을 멀리 유추해보니, 사람은 단지 이것을 알아야 할 뿐이다.49)

이와 같이 정호(程顥)는 존재하는 모든 것에 이(理)가 있고, 그 이(理)는 음(陰)과 양(陽), 선(善)과 악(惡)처럼 대조적인 측면이 있다고 한다. 그리고 자연의 이(理)는 생생(生生)을 근본으로 한다고 역설한다. 또한 그는 "천지 만물의 이(理)는 홀로가 아니라 반드시 대조되는 것이 있으니, 모두 저절로 그렇고 그런 것이지, 배려가 있는 것은 아니다."50)라고 하여, 존재하는 모든 것이 저절로 그렇게 존재하는 것이지, 누군가 그렇게 만든 것이 아니라고 파악한다. 그리고 "질(質)이 있으면 반드시 문(文)이 있는 것이 스스로 그러함의 이(理)이다. 이(理)는 반드시 대조되는 것이 있어 생성의 근본이다. 위가 있으면 아래가 있고, 이것이 있으면 저것이 있으며, 질(質)이 있으면 문(文)이 있다. 하나는 홀로 설 수 없고, 둘은 반드시 문(文)이 된다. 도(道)를 알지 못하는 자가 어찌 이것을 인식할 수 있겠는가?"51)라고 하여, 생성의 근본을 이(理)로 제시하고 있다. 따라서 정호(程顥)는 이(理) 개념을 대조적인 두 측면이 상호작용을 일으켜 만물을 생성하는 근본 원리로 이해하고 있는 것이다.

그런데 정호(程顥)의 동생인 정이(程頤)는 보다 분명한 어조로 이(理)가 기(氣)보다 존재론적으로 우위에 있으며,52) "이(理)는 천명(天

---

49) 『二程遺書』, 卷11, p.99 萬物莫不有對, 一陰一陽, 一善一惡, 陽長則陰消, 善增則惡減, 斯理也. 推之其遠乎, 人只要知此耳.
50) 『二程遺書』, 卷11, p.97 天地萬物之理, 無獨必有對, 皆自然而然, 非有安排也.
51) 『二程粹言』, 卷上「論道」, p.358. 質必有文, 自然之理也. 理必有對待, 生生之本也. 有上則有下, 有此則有彼, 有質則有文. 一不獨立, 二必爲文. 非知道者, 孰能識之.
52) 『二程粹言』, 卷下「天地」, p.401, 有理則有氣, 有氣則有數, 鬼神者數也.

命)으로, 그것에 따르고 순환하는 것이 도(道)이다"53)라고 한다. 그리고 다시 "성(性)이 곧 이(理)며, 이(理)는 요순(堯舜)에서 길가는 사람에 이르기까지 하나이다"54)라고 주장한다. 또한 정이(程頤)는 다음과 같이 이(理)의 의미를 설명한다.

> 무릇 눈앞에 사물이 아님이 없지만, 사물마다 모두 理가 있다. 이것은 마치 불이 뜨거운 이유와 물이 차가운 이유와 같다.55)

이와 같이 정이(程頤)는 불과 물의 근본적인 속성을 뜨거움과 차가움으로 이해하고, 뜨겁고 차가운 이유를 사물 자체의 이(理)로 파악하고 있는 것이다. 여기서 이(理) 개념은 사물이 우리의 감각에 포착되는 현상을 근본적으로 설명해 줄 수 있는 가능성을 제공해 준다. 그러나 이 이(理)를 법칙으로 이해하기에는 많은 어려움이 따른다. 왜냐하면 이 이(理)는 차갑고 뜨거운 상대적 의미의 현상 근거에 지나지 않기 때문이다. 다시 말해 외부 조건에 따라 물의 온도와 불의 온도가 얼마든지 달라질 수 있는 것이다. 또한 이정(二程)의 이(理) 개념은 자연현상을 정량적(定量的, Quantitative)으로 파악한 것이 아니라, 단지 정성적(定性的, Qualitative)으로 파악한 결과라 할 수 있다. 그러므로 이 이(理) 개념을 법칙으로 규정하는 것은 논리적으로 타당하지 않은 해석이다.

앞에서 설명한 이정(二程)의 논의를 바탕으로, 주희는 이(理) 개념을 활용하여 매우 포괄적인 이(理) 중심의 철학 체계를 수립한다. 우

數者氣之用也.
53) 『二程遺書』, 卷1, p.15, 此理, 天命也. 順而循之, 則道也.
54) 『二程遺書』, 卷18, p.165, 性則是理, 理則自堯舜至於途人, 一也.
55) 『二程遺書』, 卷19, p.200, 不拘凡眼前無非是物, 物物皆有理. 如火之所以熱, 水之所以寒.

선 주희의 이(理) 개념은 형체를 지니지 않은, 즉 감각적으로 감지될 수 없는 형이상학적 개념인 것이다. 주희는 인간이 감각적으로 인식할 수 있는 기(氣) 개념과의 비교를 통해, 이(理) 개념의 특징을 선명하게 드러내고 있다.

> 형이상자는 理를 가리켜 말한 것이고, 형이하자는 事物을 가리켜 말한 것이다. 사물에는 모두 理가 있다.56)

주희에 의하면 "모든 사물에 이(理)가 존재하는데, 사물은 보일 수 있지만, 이(理)는 (형체나 형태가 없기 때문에) 인식하기 어렵다"고 한다.57) 여기서 주희의 이(理) 개념이 지닌 추상적이고 형이상학적인 성격이 잘 드러난다고 할 수 있다. 다시 말해 기(氣) 개념이 구체적인 물질로 형이하학적 개념이라면, 이(理) 개념은 추상적인 형이상학적 개념인 것이다.

또한 주희는 "하늘이 천(天)이 될 수 있는 이유는 이(理)뿐으로, 하늘에 이 도리(道理)가 없다면 천(天)이 될 수 없으므로, 푸르고 푸른 것은 이 도리(道理)의 천(天)이다."라고 설명한다.58) 여기서 주희는 구체적인 물질의 존재 근거나 이유 또는 원인, 다시 말해 '소이(所以)'로 이(理) 개념을 해석하고 있는 것이다. 따라서 주희의 이(理) 개념은 구체적인 물질과 다른 물질의 존재 근거인 것이다. 서양의 중국학 연구자들이 이(理)를 해석함에 있어, 정신적 측면에 주목한 것은 바로 이(理) 개념의 추상적 특성에 기인한다. 그런데 송대

---

56) 『朱子語類』, 卷75「易11」, p.1935, 形而上者, 指理而言, 形而下者, 指事物而言. 事事物物, 皆有其理.
57) 『朱子語類』, 卷75「易11」, p.1935, 事事物物, 皆有其理, 事物可見, 而其理難知.
58) 『朱子語類』, 卷25「論語7」, p.621, 天之所以爲天者, 理而已, 天非有此道理, 不能爲天, 故蒼蒼者則此道理之天.

신유학의 철학체계 속에서 사유능력이 있는 개념은 이(理) 개념이 아닌 심(心) 개념인 것이다. 그리고 이(理) 개념은 데카르트(Descartes) 철학의 심신(心身) 이원론(二元論)과 같은 자립적인 실체로 존재하지도 않는다. 따라서 신유학의 이(理) 개념은 정신으로 해석될 수 없는 것이다.

이제 주희의 철학 체계를 통해 이(理) 개념의 의미를 좀 더 구체적으로 규명해 볼 필요가 있다. 자연인식의 측면에서 주희의 이(理) 개념을 살펴보면, 자연의 생물 가운데 식물의 규칙적인 배열과 그 배열의 유형 또는 원리임을 알 수 있다.

> 이 理는 모든 혼돈 속에서도 존재하여, 한 알의 씨앗이 싹이 되고, 싹에서 꽃이 나며, 꽃이 결실이 되어, 또한 씨앗이 되는 것과 같으니 본래의 형체로 돌아가는 것이다.59)

여기서 주희는 이(理) 개념을 무질서한 것처럼 보이는 곳에서도 식물이 생명의 질서를 유지하는 것으로 이해한다. 그리고 식물이 봄에 싹이 나고(元), 여름에 자라서(亨), 가을에 열매를 맺고(利), 겨울에 원래의 모습으로 완성되는 것(貞)으로 이(理) 개념을 설명하고 있는 것이다. 이와 같이 주희는 발육하여 성장하고 쇠퇴하는 식물의 생명 현상의 원리로 이(理) 개념을 규정짓는 것이다. 그런데 주희는 이(理) 개념을 식물의 생명 현상뿐만 아니라 무생물의 영역까지 확대하여 무생물의 원리로 해석하고 있다. 다음 인용문에서 이러한 현상을 찾아볼 수 있다.

> 꽃병에는 꽃병의 도리가 있고, 등잔에는 등잔의 도리가 있으며 물

---

59) 『朱子語類』, 卷94「周子之書」, p.2374, 此理處處皆渾淪, 如一粒粟生爲苗, 苗便生花, 花便結實, 又成粟, 還復本形.

이 아래로 흐르고, 불이 위로 올라가며, 금속이 변형되고, 나무가 굽거나 펴지며, 땅에서 농사짓는 것은 하나 하나가 모두 性이 있고, 모두 理가 있다. 사람이 그것을 활용하여 잘 따른다면, 그 理를 얻게 된다. 그러나 금속을 깎아 나무의 용도로 만들고, 나무를 녹여 금속의 용도로 만든다면 理가 없는 것이다.[60]

여기서 주목할 만한 내용은 주희가 꽃병이나 등잔과 같은 사물에도 이(理)가 있다고 하면서, 그 사물의 물리적 특성을 설명하고, 다시 인간의 일에도 이(理)개념으로 설명한다는 점이다. 다시 말해 성(性)과 이(理) 개념을 동일하게 파악하는 것이 특징인 것이다. 확실히 이러한 관점은 매우 전형적인 송대 신유학의 방법론적 특징을 잘 나타내고 있다. 다시 말해 이(理) 개념에 대한 설명 과정에서 가치 개념인 性을 도입하는 것이 송대 신유학의 논리에서는 일반화된 현상이다. 여기서 주희의 이(理) 개념은 무생물과 인간사에 질서의 원리가 있다는 의미를 내포하고 있는 것이다.

지금까지의 논의를 정리해 보면 주희의 이(理) 개념은 다음과 같은 특징을 지니고 있다. 첫째, 이(理) 개념은 근대 과학적 의미의 법칙으로 해석될 수 없다. 왜냐하면 이(理) 개념은 정량적(定量的) 개념이 아니라 정성적(定性的) 개념이기 때문이다. 둘째, 이(理) 개념은 육체-정신의 이분법적 구도에 의한 정신으로 해석될 수도 없다. 이(理) 개념은 형이상학적 개념이긴 하지만, 실체 개념은 아니기 때문이다. 셋째, 이(理) 개념은 감각적으로 지각되지 않는 추상적 개념이다. 이러한 점은 기(氣) 개념과의 비교에서 잘 나타난다. 넷째, 이

---

60) 『朱子語類』, 卷97 「程子之書3」, p.2484, 花瓶便有花瓶底道理, 書燈便有書燈底道理, 水之潤下, 火之炎上, 金之從革, 木之曲直, 土之稼穡, 一一都有性, 都有理. 人若用之, 又著順它理, 始得. 若把金來削做木用, 把木來熔做金用, 便無此理.

(理) 개념은 물질의 근본적인 원리 또는 사회의 질서 원리로 해석된
다. 따라서 주희의 이(理) 개념은 현대적인 의미로 유기체적 질서(有
機體的 秩序)의 원리(原理, Principle)이다.

이제 송대(宋代) 신유가(新儒家) 특히 이(理)와 기(氣)의 개념에
대한 주희의 해석을 중심으로 다른 주요 개념과의 관계를 동일성과
특수성의 측면에서 좀 더 구체적으로 살펴보겠다.

제3절 자연과 인간의 보편성과 특수성

송대에 새로운 시대사조를 형성한 신유학에는 이(理)와 기(氣) 개
념을 중심으로 자연과 인간의 생성을 이론적으로 파악하려고 노력한
흔적이 발견된다. 예를 들어 송대 신유학의 시조(始祖)라 할 수 있
는 주돈이(周敦頤; 1017-1073)는 태극(太極)을 자신의 철학체계에서
최고의 범주(範疇)로 삼고 있다. 이에 반해 그는 이(理)와 기(氣) 개
념을 본격적으로 논의하고 있지는 않고 있다. 다시 말해 주돈이는
이(理)와 기(氣)를 이기론(理氣論)의 차원에서 다루고 있지는 않은
것이다. 예를 들어 주돈이는 이(理)를 예(禮)로 이해하고,61) 다시 예
(禮)를 이(理)로 파악하여 각각의 분별을 강조한 후에 음악을 통한
조화를 강조하고 있는 것이다.62) 그런데 주돈이는 이(理) 개념을 도

---

61) 『周元公集』, 卷1「通書·誠幾德」, p.422., 誠無爲. 幾善惡. 德愛曰仁, 宜
    曰義, 理曰禮, 通曰智, 守曰信.
62) 『周元公集』, 卷1「通書·禮樂」, pp.426-427, 禮, 理也. 樂, 和也. 陰陽
    理而後和, 君君, 臣臣, 父父, 子子, 兄兄, 弟弟, 夫夫, 婦婦, 萬物各得
    其理, 然後和, 故禮先而樂後.

덕적 범주(道德的 範疇)로 이해하고 있을 뿐이다. 이러한 주돈이의 논리를 통해서 이기론(理氣論)을 이끌어 낸다는 것은 상당한 무리가 따르게 된다.

또한 소옹(邵雍; 1011-1077)도 만물의 생성과 소멸을 우주적 차원에서 다루고 있다. 그런데 일반적으로 소옹은 주돈이에 비해 상대적으로 소홀하게 다루어지고 있다. 소옹의 상수학적(象數學的) 논리 체계(論理體系)는 다른 신유가에게 쉽게 이해될 수 있는 성질이 아니었다. 왜냐하면 그의 추상적 논리는 매우 자의적인 경향을 지니고 있기 때문이다. 그런데 소옹의 경우 주돈이와 마찬가지로 이기론(理氣論)을 체계적으로 다루지 않는다. 그러나 그는 태극(太極)을 '도(道)의 지극함'으로 파악하고,63) 이(理) 개념에 대해 인식 대상인 사물의 원리로 이(理) 개념을 범주화하고 있다.64) 이러한 소옹의 이(理) 해석은 주돈이의 이(理) 개념이 도덕적 범주에 그친 것과 비교하면, 보다 자연 세계의 이(理) 개념에 가깝다고 할 수 있다.65) 그러나 소옹의 경우도 이(理)와 기(氣) 개념을 서로 연관지어 설명하고 있지는 않다. 예를 들어 소옹은 기(氣)를 체(體)로 해석하고, 비(鼻)를 용(用)으로 이해하고 있지만, 이(理)와의 관계에 주목하고 있지는 않는 것이다.66)

그리고 장재(張載; 1020-1077)는 태허(太虛)를 기(氣)의 본체(本

---

63) 『皇極經世書』, 卷14「觀物外篇」, p.1075, 太極, 道之極也.

64) 『皇極經世書』, 卷12「觀物內篇」, p.1050, 天所以謂之觀物者, 非以目觀之也. 非觀之以目, 而觀之以心也. 非觀之以心, 而觀之以理也. 天下之物莫不有理焉, 莫不有性焉, 莫不有命焉. 所以謂之理者, 窮之而後可知也.

65) 『皇極經世書』, 卷11「觀物內篇」, p.1034, 易曰, 窮理盡性. 以至于命. 所以謂之理者, 物之理也. 所以謂之性者, 天之性也. 所以謂之命者, 處理性者也.

66) 『皇極經世書』, 卷11「觀物內篇」, p.1033, 聲色氣味者, 萬物之體也. 目耳鼻口者, 萬人之用也. 體無定用, 惟變是用. 用無定體, 惟化是體. 體用之交, 而人物之道于是乎備矣.

體)로 규정하고 있다.[67] 다시 말해 장재는 기(氣)와 태허(太虛)로 만물의 변화를 일관되게 설명하고 있다. 그렇다고 해서 장재가 이(理)를 전혀 언급하지 않은 것은 아니다. 예를 들어 장재는 이(理)를 기(氣) 스스로의 운동(運動)에 질서(秩序)를 부여하는 원리(原理)로 설명하고 있다.[68] 뿐만 아니라 그는 이(理) 개념의 외연을 인간 사회의 질서 원리로 확대하고 있다.[69] 이러한 양상은 주돈이가 이(理)를 인간 사회의 윤리적 범주로 이해했던 것이나, 소옹이 이(理)를 자연 세계의 질서 원리로 파악한 것을 종합한 논리라 할 수 있다. 그러나 그의 논리 체계에서 이(理)는 그다지 중요한 범주가 아니었다. 왜냐하면 장재는 이(理) 개념이 아닌 기(氣) 개념을 중심으로 자신의 사상을 전개했기 때문이다.

장재의 기(氣) 중심(中心) 논리체계는 한편으로 송대 이전의 기(氣) 철학의 한계를 뛰어넘는 획기적인 시도였지만, 다른 한편으로 이(理) 중심(中心)의 논리를 선호하는 신유가에게는 환영받지 못하는 결과를 초래하였다. 그러나 장재의 논리 가운데 일부가 신유학 형성에 커다란 영향을 미쳤다는 점을 무시할 수는 없다. 그리고 기(氣) 철학의 논리를 배경으로, 불교나 도교의 형이상학에 대한 장재의 철저한 비판의식(批判意識)은 북송 신유가의 일반적인 이단 의식(異端意識)을 대변하고 있는 것이다.[70]

---

67) 『張子全書』, 卷2「正夢・太和」, p.22, 太虛無形, 氣之本體, 其聚其散, 變化之客形爾.
68) 『張子全書』, 卷2「正夢・太和」, p.22, 天地之氣, 雖聚散攻取百塗, 然其 爲理也. 順而不妄.
69) 『張子全書』, 卷12「語錄抄」, p.267, 陰陽者, 天之氣也. 剛柔緩速, 人之氣也. 生成覆幬, 天之道也. 仁義禮智, 人之道也. 損益盈虛, 天之理也. 壽夭貧 賤, 人之理也.
70) Siu－chi Huang: *Chang Tsai's Concept of Ch'i*, Philosophy East and West, vol.18 (Honolulu: University of Hawaii, 1968), pp.254－259.

　북송 신유가 가운데 이(理)와 기(氣) 개념의 상호관계(相互關係)를 본격적으로 다루고 있는 사상가는 흔히 이정(二程)이라 불려지는 정호(程顥; 1032-1085)와 그의 동생인 정이(程頤; 1033-1107)라 할 수 있다. 이정(二程)은 장재와 비교할 때, 두 가지 점에서 두드러진 차이가 있다. 하나는 장재가 기(氣) 중심(中心)의 논리를 전개한 반면 이정(二程)은 이(理) 중심(中心)의 철학체계를 수립한 것이다. 그리고 다른 하나는 장재가 이(理)를 기(氣)의 운동 원리(運動 原理) 정도로 이해한 반면에 이정(二程)은 이(理)를 만물의 생성을 가능하게 만드는 근본적인 존재 범주(存在 範疇)로 파악하고 있다. 따라서 이정(二程)의 철학은 이(理)와 기(氣)의 상호관계라는 맥락에서 볼 때, 이(理) 중심(中心)의 이기론(理氣論)을 대표한다고 할 수 있다.

　이정(二程)이 사물의 발생과 소멸을 기(氣)의 취산(聚散)으로 설명하거나,[71] 만물의 운동을 기화(氣化)로 해석하는 점에서는[72] 전통적인 기(氣) 철학의 전형적인 논리에 입각하고 있다. 그리고 이정(二程)은 이(理)를 대조적인 두 측면이 상호작용을 통해 나타나는 현상의 근본 원리로 이해하고 있다.[73] 여기서 주목할 만한 것은 이정(二程)이 이(理)를 자연 현상뿐만 아니라 인간의 도덕적 범주인 선악(善惡) 현상에도 적용하고 있다는 점이다. 그런데 이(理)와 기(氣)의 관계의 측면에서 볼 때, 이정(二程)은 다른 신유가에 비해 보다 명확하게 이(理) 우위의 논리를 전개하고 있는 것이 특징이다.[74]

　이정(二程)의 이기론(理氣論)이 지닌 가장 큰 특징은 인간을 포함

---

71) 『二程粹言』, 卷下「人物」, p.434, 物生者, 氣聚也. 物死者, 氣散也.
72) 『二程遺書』, 卷5, p.69, 萬物之始, 皆氣化, 旣形然後以形相禪, 有形化形化長, 則氣化漸消.
73) 『二程遺書』, 卷11, p.97, 萬物莫不有對, 一陰一陽, 一善一惡, 陽長則陰消, 善增則惡減, 斯理也.
74) 『二程粹言』, 卷下「天地」, p.401, 有理則有氣, 有氣則有數, 鬼神者數也, 數者氣之用也.

한 만물의 본성을 이(理)로 보고, 이(理)가 성인(聖人)과 일반인 모두에게 하나지만,75) 기(氣)의 경우는 편정(偏正)과 청탁(淸濁)에 따라 인간과 사물 그리고 지혜로움과 우매함과 같은 차등이 생긴다는 논리이다.76) 또한 이정(二程)은 인심(人心)과 도심(道心)으로 구별한 뒤, 각각을 사욕(私欲)과 천리(天理)로 정의하고, 인간의 욕망을 없애면 천리(天理)가 밝아진다는 주장을 함으로써77) 송대 신유학의 기본 이념을 제시하게 된다.

지금까지 북송(北宋) 오자(五子)의 이기론(理氣論)을 중심으로 송대 성리학의 성립배경을 서술하였다. 이 과정에서 이기론(理氣論)이 본격적으로 대두한 것은 이정(二程)에 이르러서 가능했다는 사실을 확인할 수 있다. 그런데 북송 신유가의 이기론(理氣論)이 이후 주희에 의해 집대성되어 송대 신유학을 성립시켰다는 사실에 주목할 필요가 있다. 다시 말해 북송 신유가의 개별적인 논리는 주희의 손을 거쳐 새롭게 부각된 것이라 할 수 있다.

이제 북송(北宋) 오자(五子)의 이(理)와 기(氣) 개념을 현대적 의미로 재해석하고, 그들의 이기론(理氣論)이 지닌 특징을 정리해 보겠다. 북송 신유가의 이(理) 개념은 개별적인 차이가 있지만 대체로 사회의 윤리적 원리(倫理的 原理) 및 자연의 정성적 원리(定性的 原理)라고 할 수 있다. 그리고 기(氣)의 경우에는 구체적 감각 대상(具體的 感覺 對象)이자 추상적 물질(抽象的 物質) 개념(槪念)으로 파악할 수 있다.

북송 신유가의 이기론(理氣論)이 지닌 특징을 정리해 보면 다음과

---

75) 『二程遺書』, 卷18, p.165, 性則是理, 理則自堯舜至於途人, 一也.
76) 『二程粹言』, 卷下「人物」, p.432, 氣之所鍾, 有偏正, 故有人物之殊, 有淸濁, 故有智愚之等.
77) 『二程遺書』, 卷24, p.250, 人心私欲, 故危殆. 道心天理, 故精微. 滅私欲則天理明矣.

같다. 첫째, 그들의 이기론(理氣論) 저변에는 중국 고대의 유가 경전인 『역경(易經)』의 패러다임(Paradigm)을 전제하고 있다. 둘째, 그들의 기(氣) 개념은 도가의 자연주의 논리를 수용하고 있다. 셋째, 그들의 이(理) 개념은 불교의 형이상학적 논리 체계와 대응하기 위한 주요 범주이다. 넷째, 그들의 이기론(理氣論)은 이(理)와 기(氣) 가운데 어느 한 측면에만 주목한 비체계적인 논리이다. 마지막으로 북송 신유가의 이기론(理氣論)은 주희의 종합적 체계에 의해 정리됨으로써 새로운 생명력을 얻게 된다.

송대 신유학에는 자연의 보편성을 지향하는 흐름이 있으며[78], 자연과 인간을 분리하여 고찰하려는 경향도 존재하는 것이 사실이다.[79] 그런데 신유학의 자연인식의 특징 가운데 하나는 자연과 인간의 질적 차이가 없다는 점이다. 다시 말해 신유학은 자연과 인간의 차이점보다는 공통점에 주목하여 자연주의적 인간상과 인간주의적 자연상을 묘사하고 있다.[80] 이제 朱熹를 통해 자연과 인간의 동일성과 차별성을 살펴보자. 주희는 인간의 생성에 대한 제자의 질문에 다음과 같이 대답한다.

---

78) 張載, 程顥, 陸九淵, 王守仁 등의 흐름이 그것이다. 明淸교체기의 사상가 黃宗羲(1610–1695)는 이러한 흐름을 계승하여 氣 철학을 전개한다.

79) 周敦頤, 程頤, 朱熹 등의 계열이 그것이다. 특히 주희의 理氣論을 살펴보면 理와 氣에 대해 논리적 분석을 시도한 노력을 찾아볼 수 있다. 그러나 그 분석작업은 철저하게 수행되지 못하고 있다. 따라서 주희의 논리 정연한 사상체계에서 가장 취약한 곳이 역설적으로 理氣論이라 할 수 있다.

80) 자연과 인간의 동일성에 관한 논의는 人과 天의 조화라는 사상과 연관이 있다. 이러한 경향은 人物性同異 論爭에서도 잘 드러난다. 즉 조선의 人物性同異 논쟁 이후의 상황에서 人과 物의 동질성, 즉 理一에 중점을 두고 있는 입장이 人과 物의 차별성, 즉 分殊 중심의 입장보다 우세한 경향이 나타나고 있다. 김교빈 외 공저: 논쟁으로 보는 한국철학 (서울: 예문서원, 1995), pp.205–225.

　　인간이 태어나는 원인은 理와 氣가 합해지기 때문이다. 天理는 참
으로 넓고 끝이 없지만, 氣가 아니면 비록 理가 있다고 해도 머물 곳
이 없게 된다. 그러므로 반드시 두 氣가 교감하고 응결하여 모인 연
후에야 理가 부착할 곳이 있어 드러나게 된다.[81]

　여기서 주희는 인간의 생성을 이(理)와 기(氣)의 결합으로 설명하
고 있다. 다시 말해 주희는 그의 철학 체계에서 이(理) 개념이 매우
중요한 위치에 있다고 해도, 이(理) 개념만으로 인간의 생성을 설명
할 수 없다는 것과 반드시 기(氣) 개념과의 결합을 통해 인간이 생
성될 수 있다는 것을 주장한다. 이러한 주희의 진술은 남성(男性)과
여성(女性)의 성교(性交)를 통해 새로운 생명이 탄생하는 것을 두
측면에서 이해하고 있음을 보여준다. 우선 현상적으로 인간의 탄생
은 남성과 여성을 상징화한 양(陽)과 음(陰)이라는 기(氣)의 결합으
로 인간이 태어난다. 그런데 또 다른 측면에서 인간의 탄생이 가능
한 근거나 이유로 이(理) 개념을 제시하고 있는 것이다. 따라서 주희
의 철학 체계에서 이(理) 개념은 인간의 탄생 근거라는 개념적 요청
으로 등장한 것이다.

　그리고 주희는 생물과 무생물을 포괄하고 있는 만물의 생성을 설
명하는 가운데, "음양의 변화는 끝이 없으니, 만물은 음과 양을 통해
생성된다."[82]고 하여 음양과 그 변화를 근거로 만물의 생성과정을
해명하고 있다. 여기서 음과 양은 주희의 철학에서 기(氣) 개념을 의
미하며, 음양의 변화는 다름 아닌 기(氣)의 취산(聚散)인 것이다. 또
한 주희는 음과 양을 다음과 같이 이해한다.

---

81) 『朱子語類』, 卷4 「性理1」, p.65, 人之所以生, 理與氣合而已. 天理固浩浩
　　不窮, 然非是氣, 則雖有是理而無所湊泊. 故必二氣交感, 凝結生聚, 然
　　後是理有所附著.
82) 『朱子語類』, 卷74 「易10」, p.1887, 陰陽變化無窮, 而萬物得因之以生生.

음양은 비록 둘이지만 오히려 氣 하나의 증감일 뿐이다. 한 번 나아가고 한 번 물러나며, 한 번 줄어들고 한 번 늘어난다. 나아가는 것은 양이고 물러나는 것은 음이며, 늘어나는 것은 양이고 줄어드는 것은 음이다. 다만 이 기 하나의 줄어듦과 늘어남이 옛날부터 지금까지 천지 사이에서 끝없이 이루어졌기 때문에 음양을 하나로 봐도 되고 둘로 봐도 되는 것이다.[83)

이와 같이 주희는 음과 양을 기(氣)의 두 측면으로 설명하고 있다. 그런데 여기서 문제는 음과 양에 대한 개념 규정이 모호하다는 점이다. 다시 말해 유(類) 개념과 종(種) 개념의 구분이 없이, 음과 양을 하나이면서 둘이라는 논리는 합리적인 설득력을 결여한 것이라 평가할 수 있다. 예를 들어 만물의 생성을 음과 양으로 상징적으로 표현한다는 것은 남성과 여성, 암컷과 수컷을 의미하는데, 만약 남성을 남성이자 여성이라는 중성으로 규정한다는 것은 결코 합리적인 논리라고 할 수 없는 것이다. 이와 같이 음과 양의 모호한 해석은 주희 철학의 가장 큰 약점이라 할 수 있다.

그런데 주희는 이(理)와 기(氣)의 선후 관계를 설명하는 과정에서 보다 분명하게 자신의 철학적 입장을 표명한다.

질문; 먼저 理가 있습니까? 氣가 있습니까?
답변; 理는 氣와 분리되지 않는다. 그러나 理는 형이상자고, 氣는 형이하자로, 형이상과 형이하의 측면에서 말하면 어찌 선후가 없겠는가?[84)

---

83) 『朱子語類』, 卷74「易10」. pp.1879－1880, 陰陽雖是兩箇者, 然却只是一氣之消息. 一進一退, 一消一長, 進處便是陽, 退處便是陰, 長處便是陽, 消處便是陰, 只是這一氣之消長. 做出古今天地間無限事來, 所以陰陽做一箇說亦得, 做兩箇說亦得.
84) 『朱子語類』, 卷1「理氣上」, p.3, 問, 先有理, 抑先有氣. 曰, 理未嘗離乎

여기서 주희는 먼저 이(理)와 기(氣)가 현실적인 면에서는 분리되지 않음을 전제하고, 이(理)와 기(氣)의 형이상학적 선차성에 있어서는 이(理)가 먼저고 기(氣)가 다음이라고 분명하게 밝히고 있는 것이다. 이러한 논리는 다른 곳에서도 명료하게 드러난다. 이(理)와 기(氣)의 관계에 대한 주희의 논리를 좀 더 살펴보자.

> 질문; 이(理)가 먼저고 氣가 다음입니까?
> 답변; 이(理)와 氣는 본래 선후를 말할 수 없다. 그러나 추론해보면 이(理)가 먼저고 氣가 다음이다.[85]

여기서 주희는 다시 한 번 명료하게 이선기후(理先氣後)를 제시하고 있다. 확실히 주희는 기(氣)보다 이(理)에 우선적인 가치를 부여하고 있는 것이다. 따라서 이(理)와 기(氣)에 대한 선후를 말할 수 없다는 것은 단지 주희의 모호한 어법일 뿐이고, 그의 사유구조에서 진정으로 강조하려던 것은 바로 이선기후(理先氣後)라 할 수 있다. 이런 주희의 논리를 고려한다면, 만물의 생성을 기(氣)의 운동, 변화로 설명한 그의 논리 체계 속에서 이(理)는 만물의 생성 근거라고 볼 수 있는 것이다.

이와 같이 주희의 이기(理氣) 이원론(二元論)은 북송의 신유가 가운데 정이(程頤)의 사상을 계승한 것인데, 정이(程頤)의 이기론(理氣論)보다 이(理)와 기(氣)를 매우 엄격하게 구분 짓고 있다는 점에서, 그 독특함을 발휘하고 있는 것이다. 이러한 이(理)와 기(氣)의 절대적 구분은 중국 사상사에서 윤리의 존재론화를 초래하게 된 것이다. 송대 신유학에서 주희의 "이(理)는 존재론적으로 근본적이고, 완전한

氣. 然理形而上者, 氣形而下者, 自形而上下言, 豈無先後.
85) 『朱子語類』, 卷1「理氣上」, p.3, 或問, 理在先, 氣在後. 曰, 理與氣本無先後之可言. 但推上去時, 却如理在先, 氣在後相似.

선(善)이다. 기(氣)는 악(惡)은 아닐지라도 존재론적으로 불완전하며, 악(惡)을 유발시킬 수 있는 요인"[86]으로, 주희는 이(理)에 절대적 가치를 부여하고, 기(氣)를 통해 현실의 악(惡)을 설명하고 제거하려고 시도한 것이다.

다음으로 이(理)와 기(氣) 개념을 중심으로 자연과 인간의 관계에 대한 주희의 견해를 보다 구체적으로 살펴볼 필요가 있다. 왜냐하면 이(理)와 기(氣)는 주희에게서 만물의 동일성과 특수성을 해명해 주는 중요한 기능을 수행하고 있기 때문이다. 우선 주희는 성(性)과 기(氣)로 인(人)과 물(物)의 동일성과 차별성을 다음과 같이 제시하고 있다.

> 인간과 사물의 性은 원래 같지만, 단지 氣가 부여되는 것이 다를 뿐이다.[87]

이와 같이 주희는 인간과 사물의 본성이 원래는 같지만, 어떠한 기(氣)를 받느냐에 따라 인간과 사물이 다르게 된다고 설명한다. 또한 그는 계속해서 "기(氣)가 부여되는 측면에서 말하면, 인간과 사물은 같지 않은 면이 있다."[88]라고 반복하여 인간과 사물의 동일성과 차별성을 언급한다. 여기서 주목할 만한 사실은 동일성의 기준은 성(性)이고, 차별성의 기준은 기(氣)라는 점이다. 그런데 주희의 철학에서 성(性)은 바로 이(理)로 규정되므로, 바로 이(理) 개념의 차원에서 인간과 사물의 동일성(同一性)이 확보되는 것이다. 이러한 논리가 바로 주희의 이일분수(理一分殊)인 것이다. 만약 이일분수(理一分殊)

---

86) 그레고르 파울: "관념철학과 신유학의 기본적 문제점들", 현대중국연구 제1호 (서울: 성대 현대중국연구소, 1992), pp.142-143.
87) 『朱子語類』, 卷4「性理1」, p.58, 人物性本同, 只氣稟異.
88) 『朱子語類』, 卷59「孟子9」, p.1376, 自氣稟而言, 人物便有不同處.

의 논리에 따른다면, 유(類) 개념의 차원에서 인간과 사물은 동일하지만, 종(種) 개념의 차원에서는 인간과 사물이 다른 것이다. 그리고 그 종(種) 개념의 차이는 바로 기(氣)의 청탁(淸濁)인 것이다.

그런데 기(氣) 개념을 중심으로 특수성의 논리가 최초 장재에게서 나타나고 있으며,[89] 인간과 사물의 차별의 근거가 되는 기(氣)의 다양성은 다시 인간들 사이의 차별성을 설명하는 이론적 도구가 된다. 예를 들어 장재는 인간의 본성을 다음과 같이 기질지성(氣質之性)과 천지지성(天地之性)으로 분류하고 있다.

> 형체가 갖추어진 후에 기질의 본성이 있다. 善으로 그것을 되돌리면 천지의 본성이 보존된다. 그러므로 기질의 본성은 군자에게 본성이 아닌 것이 있다고 하는 것이다.[90]

여기서 장재는 인간의 본성을 기질지성(氣質之性)과 천지지성(天地之性)으로 분류하고, 이 두 가지가 서로에게 영향을 미칠 수 있다는 점을 강조한다. 다시 말해 천지지성(天地之性)의 확장은 기질지성(氣質之性)의 축소를 의미하는 것이다. 반면에 인간이 이치를 없애고 기질의 욕구를 무한정 추구하게 되면 결과적으로 인위적인 행위를 초래하게 된다는 것을 설명하고 있다.[91] 이러한 논리가 이정(二程)에 이르러 보다 명료하게 제시된다는 사실은 신유학의 공통적인 논리적 기반을 입증해 주는 유력한 근거가 될 수 있다. 다음의 인용을 통해 이 점을 확인해보겠다.

---

89) 『張子全書』, 卷2「正蒙・太和」, p.25, 流氣紛擾, 合而成質者, 生人物之萬殊.
90) 『張子全書』, 卷2「正蒙・誠明」, p.42, 形而後有氣質之性. 善反之, 則天地之性存焉. 故氣質之性. 君子有弗性者焉.
91) 『張子全書』, 卷2「正蒙・誠明」, p.45, 順性命之理, 則得性命之正, 滅理窮欲, 人爲之招也.

氣가 맑으면 비로소 선한 성질이 되고, 氣가 흐릿하면 악한 성질이
된다. 지극히 맑은 氣를 받아서 태어난 인간은 聖人이 되고, 매우 탁
한 氣를 받아서 태어난 자는 악한 인간이 된다.[92]

여기서 이정(二程)은 기(氣)의 청탁(淸濁)에 따라 선(善)과 악(惡)
을 나누고, 다시 성인과 악인으로 분류하고 있다. 그런데 신유학을
집대성한 주희도 위와 같은 논리적 기반 위에서, 기(氣)의 종류를 청
탁(淸濁) 혼명(昏明) 등으로 구분한 뒤, 그것을 인간 사이의 차이를
설명하는 논리적 근거로 삼고 있다. 예를 들어 주희는 인간 사이의
차이를 다음과 같이 설명하고 있다.

이(理)가 있은 이후에 氣가 있다, 氣가 있으면 반드시 이(理)가 있
다. 그러나 맑은 氣를 부여받은 자는 성스럽거나 현명하게 되니, 마치
맑고 차가운 물 속에 있는 보배와 같다. 흐린 氣를 부여받은 자는 어
리석거나 모자라게 되니, 마치 흐린 물 속에 있는 보배와 같다.[93]

여기서 알 수 있는 것은 주희가 기(氣)의 상반된 모습인 청탁(淸
濁)으로 인간들 사이의 차이들을 설명하고 있다는 점이다. 이러한
주희의 논리에는 장재나 이정(二程)과 마찬가지로 인간의 차별상을
기(氣)의 차이로 해명하고 있으며, 기(氣)에 가치 개념이 스며있다는
사실을 확인할 수 있는 것이다. 그런데 주희 사상 속에는 다른 신유
가의 사상과 이론적 차이점이 없다는 점에서, 선행 이론 특히 이정
(二程)의 논리를 답습하고 있다고 평가할 수 있다. 따라서 주희의

---

92) 『二程遺書』, 卷22上, p.234, 氣淸則才善, 氣濁則才惡. 稟得至淸之氣生
者, 爲聖人, 稟得至濁之氣生者, 爲惡人.
93) 『朱子語類』, 卷4, 「性理1」, p.73, 有是理而後有氣, 有是氣則必有是理.
但稟氣之淸者, 爲聖爲賢, 如寶珠在淸冷水中, 稟氣之濁者, 爲愚爲不肖,
如珠在濁水中.

논리는 기본적으로 송대 신유학의 기본적인 흐름에서 벗어나지 않는
다고 할 수 있다. 다음으로 송대 신유학이 인간 사회의 불평등에 대
해 언급한 것을 보다 구체적으로 살펴볼 필요가 있다.

> 人心은 사사로운 욕구이니, 위태롭다. 道心은 자연의 원리이니 정
> 미하다. 私欲을 없애면 天理가 밝아진다.[94]

여기서 인간의 마음을 인심(人心)과 도심(道心)으로 분류하고, 각
각 사욕(私欲)과 천리(天理)를 귀속시킨 뒤, 사욕(私欲)을 축소시키
면 천리(天理)가 확장된다는 논리가 분명하게 제시되고 있다. 이러한
점은 바로 장재와 연결되는 논리적 연속성인 것이다. 이러한 논리는
주희에 이르러 절정에 이르게 된다. 예를 들어 주희는 다음과 같이
자신의 견해를 집약적으로 표명하고 있다.

> 孔子의 克己復禮, 中庸의 致中和, 存德性, 道問學, 大學의 明明德,
> 書經의 人心惟危, 道心惟微, 惟精惟一, 允執厥中 등이 있는데, 성현
> 의 수많은 가르침은 단지 사람에게 天理를 밝히고 人欲을 없애라는
> 가르침뿐이다. 天理가 밝으면 스스로 講學이 줄어들지 않는다.[95]

여기서 주목할 만한 것은 주희가 전통적인 원시 유가의 핵심 사
상들을 총결하여, '명천리(明天理), 멸인욕(滅人欲)'[96]이란 명제로 제

---

94) 『二程遺書』, 卷24, p.250, 人心私欲, 故危殆. 道心天理, 故精微. 減私
　　欲則天理明矣.
95) 『朱子語類』, 卷12「學6」, p.207, 孔子所謂克己復禮, 中庸所謂致中和, 存德
　　性, 道問學, 大學所謂明明德, 書曰, 人心惟危, 道心惟微, 惟精惟一, 允執
　　厥中. 聖賢千言萬語, 只是敎人明天理, 滅人欲. 天理明, 自不消講學.
96) 候外廬는 주희의 '明天理, 滅人欲'을 '存天理, 滅人欲'으로 잘못 인용
　　하고 있다. 사소한 실수로 치부할 수도 있겠지만, 학적 엄밀성을 위해
　　서도 정확한 원문인용이 필요하다고 생각한다. 뿐만 아니라 '存天理'보
　　다 '明天理'에 훨씬 적극적인 의미가 담겨 있기 때문에 정확한 인용에

시한 점이다. 이러한 논리 전개는 주희의 사상적 기반과 도통 의식 (道統 意識)을 이해할 수 있는 적절한 근거를 제공해 준다. 그런데 주희의 '명천리(明天理), 멸인욕(滅人欲)' 사상은 역사적으로 인간의 욕망을 억제하는 권위적인 지배전략과 맞물려, 후대의 진보적인 사 상가들에게 비판의 대상이 되곤 하였다.

또한 주희의 이(理) 개념은 기본적으로 인간 사회에서 신분 질서 의 원리를 의미하는 것으로 이해될 수 있다. 왜냐하면 주희는 이(理) 에 대한 설명 과정에서 의식적으로 이러한 점을 강조하기 때문이다.

> 일반적으로 모이고 흩어지는 것은 氣다. 만약 이(理)라면 氣위에 부착되어 처음에 응결되어 스스로 사물이 되지는 않을 것이다. 다만 인간의 신분상 당연한 것이 이(理)일 뿐이니 理가 모이고 흩어진다고 말할 수는 없는 것이다.[97]

그렇다면 신유학의 이(理) 개념이 구체적으로 무엇을 의미하는지 가 보다 분명해졌다고 할 수 있다. 다시 말해 신유학의 이(理) 개념 은 한편으로 만물의 동일성의 논리적 기반이면서도, 인간 사회에 있 어서는 바로 차별적인 위계질서의 원리를 의미하는 것이다. 이러한 사회적 불평등의 논리는 신유학이 형이상학적인 자연의 위계구조로 인간사회의 불평등한 계층질서의 이론적 근거를 확보하는 과정에 잘 나타나 있다. 그리고 이러한 송대 신유학의 논리는 기본적으로 자연 을 천(天)과 지(地)로 구분하고 각각을 양(陽)과 음(陰), 남(男)과 여 (女) 나아가 존(尊)과 비(卑)로 비유함으로써, 자연 구조의 계층성을

주의할 필요가 있다. 참조. 侯外廬: 中國思想史綱 上 (北京: 中國靑年 出版社, 1980), p.317.

97) 『朱子語類』, 卷3「鬼神」, p.37, 夫聚散者, 氣也. 若理, 則只泊在氣上, 初 不是凝結自爲一物. 但人分上所合當然者便是理, 不可以聚散言也.

사회적 불평등의 자연적 원리로 설명하였던 원시 유학(儒學)의 논리98)를 새로운 이론적 도구인 이(理) 개념으로 합리화한 것이라 할 수 있다.

이상으로 송대 신유학의 기(氣)와 이(理) 개념을 분석하고, 기(氣)와 이(理) 개념을 통해 자연과 인간의 보편성(普遍性)과 특수성(特殊性)을 살펴보았다. 다음 장에서는 송대 신유학의 자연 개념에 대해 보다 구체적으로 분석하여, 송대 신유학의 자연 개념이 지닌 논리적 특징이 유기체론임을 규명하겠다.

---

98) 『易經』, 卷22「繫辭上」, pp.565－567, 天尊地卑, 乾坤, 定矣. 卑高以陳, 貴賤, 位矣 ⋯⋯ 乾道成男, 坤道成女.

제 4 장

송대 신유학의 유기체적 자연 개념

인간의 인식사에서 자연과 인간의 유비(類比, Analogy)의 경향은 동양과 서양에 공통적으로 존재하였다.[1] 그런데 유비에는 두 가지 유형이 있다. 하나는 우주적 유비(宇宙的 類比, Universe Analogy)이며, 다른 하나는 국가적 유비(國家的 類比, State Analogy)이다.[2] 여기서 동양과 서양의 고대적 사유의 공통점은 우주나 국가의 구조를 인간의 생물학적 체계에 비유해서 설명한다는 점이다. 그런데 플라톤(Platōn; 428－348 B.C.) 철학에서 알 수 있듯이, 서양의 경우 국가 아날로지가 상당히 발달하였던 것에 반해, 중국의 경우는 그렇지 못한 점에 서로 차이가 있다. 다시 말하면 중국 사상에서 유비의 일반적 특징은 자연을 대우주(大宇宙, Der Makrokosmos)로 인간을 소우주(小宇宙, Der Mikrokosmos)로 파악하는 우주적 유비인 것이다.[3]

이러한 점을 고려하면서 송대 신유학의 자연인식의 특징이 존재 전체(存在 全體), 상보 관계(相補 關係), 위계 구조(位階 構造)를 중심으로 하는 논리임을 체계적으로 서술할 것이다. 이 과정에서 신유

---

1) Joseph Needham: *SCC* Vol. Ⅱ, pp.294－303.
2) Ibid., p.294.
3) 참조. Marcel Granet: *Das chinesische Denken*(*1963*) (München: dtv Nr. 4362, 1980), pp.259－314. 케언즈: 동양과 서양의 만남, 이성기 역 (안양: 평단 문화사, 1984), pp.164－194.

학의 자연인식이 다름 아닌 유기체론(Organism)이며, 그 유기체론이 송대 사회질서의 유지를 위한 논리적 전거가 된다는 점이 부각될 것이다. 그런데 여기서 두 가지 문제가 제기될 수가 있다. 하나는 신유학의 형성에 큰 영향을 끼친 불교를 소홀하게 다루고 있지 않는가의 문제이고, 다른 하나는 신유학의 주된 흐름은 인간 또는 사회이지 자연이 아니라는 문제가 제기될 수가 있는 것이다.

일반적으로 송대 신유학의 형성과정에서 불교의 영향이라는 측면은 사상사적으로 중요한 의미가 있는 것이 사실이다. 다시 말해 사상사적으로 송대 신유학의 형성에 불교가 결정적인 영향을 미쳤다고 보거나,4) 신유학을 불교 사상의 대전환5)으로 파악할 수도 있다. 그러나 과학사상의 맥락에서는 불교가 송대 신유학의 자연인식의 형성이라는 측면에서 별로 영향을 미치지 못했다고 할 수 있다.6) 그러므로 신유학의 자연인식이 유기체론임을 논증하는 본 논문에서는 불교의 영향을 중요하게 다루지 않을 것이다.

그리고 신유학의 주요 관심사는 인간 또는 사회였다는 일반적 견해는 매우 설득력이 있어 보인다. 또한 신유학에 대한 연구가 주로

---

4) 梁啓超는 송대 신유학을 '표면상 유교지만 실제로는 불교(儒表佛裏)'로 파악하고 있다. 梁啓超: 淸代學術槪論(1921), 小野和子 譯 (東京: 平凡社, 1974), p.17.

5) 守本順一郎은 송대 신유학을 고대 사유인 불교 空觀에서 중세 사유인 道理로의 전환으로 이해한다. 守本順一郎, 동양정치사상사 연구, 김수길 역 (서울: 동녘, 1985), pp.53－71.

6) 특히 불교는 자연을 인간의 주관적 관념이 빚어낸 환상(māyā)으로 간주하여, 자연에 대한 인간의 적극적인 과학적 실천을 도외시하는 경향이 있다. 과학사상사의 흐름에서 불교를 부정적으로 평가한 것으로 Needham의 견해는 비교적 타당하다. 참조. Joseph Needham: *SCC* Vol. II, pp.419－425. 이에 반해 陳榮捷은 Needham의 견해를 반박하며 불교와 과학의 긴밀한 연관성을 주장한다. 참조. Wing－tsit Chan: *Neo－Confucianism and Chinese Scientific Thought*, Philosophy East and West, vol.6, (Honolulu: University of Hawaii, 1957), pp.310－311.

심성론, 인간론, 사회관, 역사관 등과 같은 분야에 집중된 것도 이러한 일반적 견해와 무관하지 않은 것이다. 그러나 이러한 연구 경향은 그동안 송대 신유학의 자연 개념에 대한 연구가 소홀하게 다루어졌다는 것을 의미할 뿐이지, 송대 신유학의 전체 체계에서 자연 개념이 중요하지 않다는 것을 뜻하는 것은 아니다. 이제 유기체론의 사유형태인 존재 전체라는 측면에서 송대 신유학의 자연 개념을 규명해 보겠다.

제1절 존재 전체의 자연

자연을 인식의 대상으로 한 송대 신유학의 논리는 신유가에 따라 다양하게 전개된다. 예를 들어 주돈이(周敦頤; 1017-1073)는 자연을 태극(太極)에서 비롯된 것으로 이해하고, 장재(張載; 1020-1077)는 자연을 태허(太虛), 즉 기(氣)로 파악하고 있으며, 소옹(邵雍; 1011-1077)은 자연을 상수(象數)로 인식하고 있다. 또한 정호(程顥; 1032-1085)는 자연을 천리(天理)라는 개념을 활용하여 이해하고 있으며, 정이(程頤; 1033-1107)는 이일분수(理一分殊)의 논리를 전개한다. 그리고 주희(朱熹; 1130-1200)에 이르러 비로소 이(理)와 기(氣)가 자연을 인식하는 주요한 두 개념으로 기능한다.

이 가운데 먼저 주돈이의 「태극도(太極圖)」와 「태극도설(太極圖說)」 그리고 신유학을 집대성한 주희의 「태극도설해(太極圖說解)」를 논의의 단서로 삼아볼 필요가 있다. 왜냐하면 다양한 신유가의 자연인식의 논리들이 주돈이와 주희의 사상적 연속성 속에서 신유학 이론의

통일성이 발현되기 때문이다. 그런데 무극(無極)이나 태극(太極) 개념
은 송대 신유학의 자연인식을 해명할 수 있는 매우 중요한 개념이라
할 수 있다. 따라서 먼저 무극과 태극 개념을 분석해 보겠다.

무극(無極) 개념은 초기 도가(道家)의 저작인 『노자도덕경(老子道
德經)』에 "그 흰 것을 알아 그 검은 것을 지키면 천하의 법이 된다.
천하의 법이 되면 항상된 덕에 어긋나지 않아, 무극(無極)으로 돌아
간다."7)라고 언급되어 있다. 여기서 도가(道家)는 그들의 일반적인
어법인 개념의 무규정성과 마찬가지로 무극(無極)에 대해 상세한 설
명을 하지는 않는다.8) 그러나 전후 문맥과 왕필(王弼; 226-249)의
주를 참조해 보면, 무극(無極)이 형이상학적 실체 개념에 가깝다는
것을 알 수 있다. 또한 도가적 어법을 빌리자면 그 형이상학적 실체
는 혼돈(渾沌, chaos)이라고 할 수 있다.9) 이러한 현상은 도가(道家)
의 자연주의적 용어인 무극(無極)이 송대 신유학의 제창자들에게 큰
영향을 미쳤다는 것을 보여준다. 또한 주돈이의 「太極圖」가 도가인
진단(陳搏)에서 비롯되었다는 논증10)을 충분히 고려할 필요가 있다.
따라서 송대 신유학과 도교는 서로 긴밀한 사상적 연관성이 있다고
할 수 있다.

그런데 도가의 무극(無極)이 개념적으로 설명되지 않는 것과는 대
조적으로 신유학의 무극(無極)은 다양한 각도에서 이론적으로 조명
되고 있다. 예를 들어 주희가 "무극(無極)은 단지 극이 다한 것으로
더 이상 갈 곳이 없다. 지극히 높고 지극히 정밀하고 지극히 신묘하

---

7) 『老子道德經』, 28章, p.154, 知其白, 守其黑, 爲天下式. 爲天下式, 常
德不忒, 復歸於無極.
8) 『老子道德經』, 1章, p.138, 道可道, 非常道. 名可名, 非常名.
9) 『莊子』, 卷3「應帝王」, p.47, 南海之帝爲儵, 北海之帝爲忽, 中央之帝爲渾沌.
儵與忽, 時相與遇於渾沌之地. 渾沌待之甚善. 儵與忽謨報渾沌之德. 曰,
人皆有七竅, 以視聽食息. 此獨無有嘗試鑿之. 日鑿一竅, 七日而渾沌死.
10) 馮友蘭: 中國哲學史 下 (北京: 中華書局, 1961), pp.820-824.

니 더 이상 갈 곳이 없는 것이다."[11]라고 하여, 도가의 무극(無極)과
는 달리 무극(無極)을 체계적으로 설명하고 있다. 이러한 경향은 송
대 신유학이 도가에 비해 보다 논리적이고 체계적인 사상을 지향하
고 있다는 것을 보여준다.

　다음으로 송대 신유학의 태극(太極) 개념을 살펴보자. 태극(太極)
의 경우 이미 원시유가의 대표적인 철학서 가운데 하나인 『역경(易
經)』에 "그러므로 역 (易)에 태극(太極)이 있고, 이것이 양의(兩儀)를
낳는다. 양의(兩儀)는 사상(四象)을 낳으며, 사상(四象)은 팔괘(八卦)
를 낳는다. 팔괘(八卦)는 길흉(吉凶)을 정하고, 길흉(吉凶)은 대업(大
業)을 낳는다."[12]라고 하여 태극(太極)이 언급되어 있다. 여기서 태
극(太極)은 만물 생성의 근원으로 묘사되고 있는 것이다. 그러나 그
이상의 설명이 없는 것은 송대 신유학과의 중요한 차이점이라 할 수
있다. 이제 본격적으로 무극과 태극 개념에 대한 송대 신유가의 해
석을 검토해 보겠다.

　주희의 사상 체계에 큰 영향을 미쳤던 주돈이는 「太極圖」를 이론
적으로 설명한 「太極圖說」에서 우주만물인 자연의 궁극적 근원으로
무극(無極)과 태극(太極)을 다음과 같이 제시한다.

　　無極이 太極이니 太極이 움직여 陽을 낳는다. 움직임이 극에 이르
　면 고요함에 이르며, 고요함에서 陰이 생긴다. 고요함이 극에 이르러
　다시 움직이니 한 번 움직이고 한 번 고요함이 서로 그 근거가 되고,
　陰과 陽으로 나뉘어, 兩儀(陰陽)가 성립한다. 陽과 陰이 변하고 합하
　여 五行(水, 火, 木, 金, 土)을 낳는다. 다섯 氣가 고르게 퍼져 사계절

---

11) 『朱子語類』, 卷94「周子之書」, p.2369, 無極 只是極至, 更無去處了. 至
　　高至妙, 至精至神, 是沒去處.
12) 『易經』, 卷22「繫辭上」, pp.607-608, 是故易有太極, 是生兩儀, 兩儀生
　　四象, 四象生八卦, 八卦定吉凶, 吉凶生大業.

이 운행한다. 五行은 陰陽이고, 陰陽은 太極이며, 太極은 본래 無極
이다.[13]

  여기서 문제가 되는 것은 무극과 태극의 관계이다. 왜냐하면 논리적
으로 만물의 근원은 무극이든 태극이든 하나만 있으면 되는데, 주돈이
는 무극과 태극을 함께 언급하고 있기 때문이다. 이후 '무극이태극(無
極而太極)'을 둘러싼 주희(朱熹; 1130-1200)와 陸九淵(1139-1193)의
논쟁이 중국 사상계에 출현한 것은 주목할 가치가 있다. 왜냐하면
어떤 사상에 대한 이해는 그 사상체계 속에서 탐구하는 방식이 기본
적인 방법이지만, 때로는 반대되는 사상체계와의 논쟁에서 결정적인
이해에 도달할 수도 있기 때문이다. 이런 점에서 주희(朱熹)의 사상
에 대한 육구연(陸九淵)의 논리적 비판은 참고할 가치가 있는 것이
다. 육구연은(陸九淵)은 두 가지 측면에서 주희와 대립하고 있다. 육
구연의 논리는 다음과 같다. 첫째, '무극이태극(太極而無極)'에서 무
극(無極)이라는 용어가 도가의 개념이다. 둘째, 주돈이가 「통서(通書)」
에서 태극(太極)을 언급하지만 무극(無極)은 언급하지 않는다. 따라
서 「太極圖」와 「太極圖說」은 주돈이의 저작이 아닐 것이다.[14] 여기
서 알 수 있는 사실은 주돈이의 사상과 도가의 사상이 서로 긴밀하
게 연관되어 있다는 것과 주희가 주돈이의 논리를 자신의 체계 속으
로 합리화하고 있다는 점이다. 다시 말해 주희는 무극 개념을 주돈
이의 사상으로 인정하고, 다음으로 태극과 무극 개념의 상호 관계에

---

13) 周敦頤 撰: 周元公集, 景印文淵閣四庫全書 (臺北: 臺灣商務印書館, 1983),
   卷1「太極圖說」, pp.416-417, 無極而太極, 太極動而生陽. 動極而靜, 靜
   而生陰. 靜極復動, 一動一靜, 互爲其根, 分陰分陽, 兩儀立焉. 陽變陰
   合, 而生水火木金土. 五氣順布, 四時行焉. 五行一陰陽也, 陰陽一太極
   也, 太極本無極也.
14) 島田虔次: 주자학과 양명학, 김석근·이근우 공역 (서울: 까치, 1986),
   p.135-136.

관심을 집중시킨 것이다. 예를 들어 주희는 주돈이의 「태극도설」을 검토한 이후, 무극과 태극이 함께 필요한 논리적 이유를 다음과 같이 설명하고 있다.

> 無極을 말하지 않으면 太極이 한 가지 사물과 같게 되어 수많은 변화의 근본이 되기에 부족하다. (그리고) 太極을 말하지 않으면 無極은 공허하고 적막한 논의가 되어 만물의 근원이 될 수 없다.[15)

위의 인용문을 분석해 보면 다음과 같다. 첫째, 무극(無極)과 태극(太極)은 만물의 근원으로서 논리적으로 서로를 필요로 한다. 다시 말해 주희의 형이상학 체계에서 무극과 태극은 서로 보완하는 기능을 수행하는 것이다. 둘째, 무극이 태극에 비해 개념의 추상도가 더 높다고 할 수 있다. 그렇다고 해서 주희가 태극을 구체적인 감각적 대상으로 이해하고 있지는 않다. 예를 들어 주희는 태극의 특성을 "본래 무극(無極)이다. 하늘에 존재하여 소리도 냄새도 없다."[16)고 파악하고 있다. 다시 말해 주희는 무극과 태극의 동일성과 태극의 형이상학적 특성에 주목하는 것이다. 이러한 주희의 해석은 태극을 감각적 인식으로 포착되지 않는 무극과 동일한 것으로 파악하고 있다는 것을 의미한다.

여기서 태극(太極) 개념은 만물의 근원으로서 신유학의 최고 범주로 자리 매김이 된다. 그런데 이 태극이 신유가에 따라 각각 다르게 해석되고 있는 현상에 주목할 필요가 있다. 기(氣) 철학자인 장재의 입장에서는 태극이 다름 아닌 기(氣)로 이해되어, "한 가지 사물이면

---

15) 『周元公集』, 卷1「太極圖說·朱子說解」, p.420, 不言無極, 卽太極同于一物, 而不足爲萬化之根. 不言太極, 卽無極論于空寂, 而不能爲萬物之根.
16) 『周元公集』, 卷1「太極圖說·朱子說解」, p.420, 太極本無極, 上天之載, 無聲臭也.

서 두 가지 체(體)를 지닌 것이 기(氣)다. …… 한 가지 사물이면서
두 가지 체(體)를 지닌 것이 태극(太極)이라 일컬어지는구나."라고
설명한다.[17] 그리고 소옹(邵雍)은 태극을 만물의 본원으로 인식하여
"태극은 도(道)의 지극함이다"라고 한다.[18]

그런데 송대 신유학을 집대성한 주희는 분명하게 태극(太極)을 이
(理)로 규정한다.[19] 여기서 주돈이 사상의 최고 범주인 태극 개념은
생물계와 무생물계를 모두 포함하는 유(類) 개념인데, 주희는 태극
개념을 이(理)로 새롭게 규정하는 것을 확인할 수 있다. 그리고 태극
(太極)을 이(理)로 규정하는 경향은 이후 동아시아의 지배적인 봉건
사유에서 공통적인 흐름으로 자리를 잡은 것이다. 이와 같이 주희가
장재와는 달리 태극을 이(理)로 해석한 것은 기본적으로 방법론적
차이에 기인하는 것이다. 장재의 경우 모든 현상을 오직 기(氣)의 운
동과 변화로 설명하는 가운데 태극을 기(氣)로 규정하게 되었지만,
주희의 경우는 모든 현상을 이(理)와 기(氣)로 나누어 설명하는 과정
에서, 존재의 최고 범주인 태극을 이(理)로 규정하게 된 것이다.

그런데 이러한 장재의 기(氣) 철학적 전통은 동아시아 사상사에서
주자학(朱子學)을 비판하는 흐름으로 존재한다는 것에 주목할 필요가
있다. 다시 말해 태극(太極)을 이(理)로 해석하는 것이 주류를 형성했
지만, 이(理)가 아닌 기(氣)로 해석하는 다른 경향도 존재했던 것이다.
예를 들어 17, 18세기 동아시아에서는 주자학(朱子學)을 비판하는 흐
름에서 공통적으로 나타난 현상이 바로 태극(太極)을 기(氣)로 재규정
하는 경향이다. 조선(朝鮮)의 경우 윤휴(尹鑴; 1617−1680)의 사상이
그러하며,[20] 일본(日本)의 경우는 패원익헌(貝原益軒; 1630−1714)의 사

---

17) 『張子全書』, 卷11「易說」, pp.255−256, 一物兩體, 氣也 …… 一物而兩
體, 其太極之謂歟.
18) 『皇極經世書』, 卷14「觀物外篇下」, p.1075, 太極, 道之極也.
19) 『朱子語類』, 卷94「周子之書」, p.2366, 太極無形象, 只是理.

상이[21) 대표적인 사례이다. 이러한 경향은 태극을 이(理)와 기(氣) 가운데 어느 것으로 규정하느냐에 따라 주자학(朱子學)이나 반주자학(反朱子學)으로 나눠지는 것을 의미한다.

여기서 태극(太極)에 대한 니담(Needham)의 유기체론적 해석을 참고할 필요가 있다. 왜냐하면 태극에 대한 니담(Needham)의 해석은 송대 신유학의 사상이 바로 유기체론이라는 결론을 뒷받침해 주는 논리적 근거를 제공하기 때문이다. 니담(Needham)은 극(極)을 '유기적 조직의 중심'으로 생각하고, 태극(太極) 개념을 "우주 전체를 활기차게 하고, 우주 전체의 내부 어디에나 실제로 존재하고 있는 내재적 힘의 인식이었다"[22)고 파악한다. 니담(Needham)이 신유학의 이(理) 개념을 '질서의 원리'[23)로 해석하였다는 것과 주희가 태극을 이(理)로 해석한 것[24)을 상기한다면, 태극에 대한 니담(Needham)의 유기체적 해석은 논리적 일관성을 유지하고 있음을 알 수 있다. 실제로 주희는 태극의 의미를 '음(陰)과 양(陽)의 본체'[25)로 이해하고, 음과 양을 '기(氣)',[26) 즉 만물 생성의 물질적 기초로 설명하고 있다. 따라서 니담(Needham)의 태극 개념에 대한 해석은 설득력 있는 논리적 근거에 입각하고 있다고 평가할 수 있다.

이제 자연에 대한 신유가의 인식체계를 좀 더 구체적으로 살펴보자. 먼저 기(氣) 철학자 장재는 자연을 다음과 같이 이해하고 있다.

---

20) 정성철: 조선 철학사 (서울: 좋은책, 1988), p219.
21) 丸山眞男: 日本政治思想史硏究, 김석근 역 (서울: 통나무, 1995), p173.
22) Joseph Needham: *SCC* Vol. Ⅱ, pp.465-466.
23) Ibid., p.472.
24) 『朱子語類』, 卷94「周子之書」, p.2366, 太極無形象, 只是理.
25) 『周元公集』, 卷1「太極圖說·朱子說解」, p.419, 此所謂無極而太極也. 所以動而陽, 靜而陰之本體也.
26) 『朱子語類』, 卷74「易10」, p.1896, 陰陽是氣.

太虛에는 氣가 없을 수 없고, 氣는 모여서 만물이 되지 않을 수 없
으며, 만물은 흩어져 太虛가 될 수밖에 없다.[27]

이와 같이 장재는 자연 속에 존재하는 만물의 생성과 소멸을 오
직 태허(太虛)와 기(氣)로 설명하고 있는 것이다. 장재 철학에서 태
허(太虛)와 기(氣)는 빈공간이 아니라 '충만의 원리'를 표현하는 것
으로, "자체로 존재하고, 스스로 변화하며, 스스로 운동한다는 일치
점이 있는 것이다."[28] 이와 같이 태허(太虛)와 기(氣)의 동일성을 전
제로 장재는 바로 기(氣)가 공간을 가득 채우고 있다는 논리를 전개
한 것이다. 그리고 장재의 만물(萬物)은 생물과 무생물을 모두 포함
하는 것으로 오직 기(氣)의 응집으로 생성되는 것이다. 이러한 장재
의 기(氣) 철학을 주희와 비교해 보자.

주희는 자연에 가득하다는 것의 의미를 묻는 제자의 질문에 대해
기(氣)의 충만성을 활용하여 해명하고 있다.

질문; 하늘과 땅 사이에 가득하다는 것은 무엇입니까?
답변; 하늘과 땅의 氣가 이르지 않는 곳이 없고, 침투하지 않는 곳이
　　　없다는 것으로, 그 氣가 강해 금속이라도 뚫는다는 것이다.[29]

여기서 주희는 천지 사이에 기(氣)가 충만되어 있는 상태를 표현하
고 있는 것이다. 그런데 표면적으로는 주희의 자연이해가 장재의 자연
이해와 동일한 것처럼 보인다. 그러나 장재의 경우 기(氣) 개념은 인

---

27) 『張子全書』, 卷2「正夢・太和」, p.22, 太虛不能無氣, 氣不能不聚而爲萬
　　物, 萬物不能不散而爲太虛.
28) Siu－chi Huang: *Chang Tsai's Concept of Ch'i*, Philosophy East and
　　West, vol.18, (Honolulu: University of Hawaii, 1968), p.254.
29) 『朱子語類』, 卷52「孟子2」, p.1254, 問, 塞乎天地之間. 曰, 天地之氣, 無
　　處不到, 無處不透, 是他氣剛, 雖金石也透過.

간을 포함한 생물과 무생물에 모두 해당되는 것임에 반해, 주희의 경우는 우선 기(氣)의 충만성이 무생물에 국한된다고 할 수 있다. 이런 점을 고려한다고 해도, 송대 신유학이 기(氣)의 충만성으로 자연 전체를 설명하는 것을 이론적 기반으로 삼고 있다는 사실에는 변함이 없다.

그런데 자연을 존재 전체로 인식하는 것은 세계에 대한 연속성이 전제되어야 가능하다. 왜냐하면 비연속적 사유형태에서는 원자론과 같은 입자적 물질에 대한 관심이 일차적이기 때문이다. 그러므로 자연을 존재 전체로, 즉 연속성으로 인식하는 신유학의 자연인식은 바로 전형적인 유기체론이라 할 수 있다. 여기서 중국의 자연인식은 아리스토텔레스(Aristotelēs; 384－322 B.C.)의 분류 방식과는 달리 본질적으로 자연을 전체로서 인식한다는 점에 그 특징이 있는 것이다. 예를 들어 아리스토텔레스(Aristotelēs)는 무생물, 식물, 동물, 인간, 신으로 구분하는 가운데 자연을 분석하여 설명한다. 그리고 그는 식물의 특징을 영양(營養)의 영혼, 동물은 감각적 영혼 그리고 인간은 이성적 영혼으로 설명한다.[30] 또한 니담(Needham)은 Aristotelēs가 인간의 특징을 이성으로 표현한 것에 비해, 순황(荀況)은 의(義)로 표현하고 있다고 파악한다.[31] 송대 신유학의 포괄적인 인식방법이 자연을 개별적으로 파악하여 차이점을 규명하기보다는 자연의 전체 질서 속에서 동일성의 논리를 전개했다고 할 수 있다.

위와 같이 자연을 전체로 인식하는 신유학의 유기체적 세계관은 마샬 그라네(Marcel Granet; 1884－1941)가 파악한 중국 사상의 전형적인 특징과 서로 긴밀한 유사성이 있다. 그라네(Granet)의 글을 살펴보면 이 점이 보다 명확해진다.

---

30) Joseph Needham: *SCC* Vol.Ⅱ, pp.21－26.
31) Ibid.

대체로 중국의 사유를 지배하는 개념은 질서, 전체, 생기력이다. 중국인은 자연계를 분석하는 데 고민하지 않는다. 자연 속에 존재하는 것은 그 자체가 전체이다. 우주 안의 모든 것은 우주로 존재한다. 중국인은 인간에게 영혼을 귀속시키고 영혼이 육체라는 다른 본질을 소유하고 있다는 식의 특별한 지위를 인간에게 부여하지 않는다. 인간은 나머지 존재보다 귀하다. 하지만 인간이 사회 속에서 특수하게 위치하고 사회질서를 유지하기 위해서 서로 협력하는 한에서, 그리고 사회질서가 우주적 질서의 토대이자 모형인 한에서 그러하다. 다수의 존재 가운데 聖人과 귀족, 고귀한 자만이 부각된다. 그 생각은 하나의 세계상과 밀접한 관계가 있다. 그 세계상은 공동체적 특성을 지닌 그런 세계상이다.[32]

이와 같이 그라네(Granet)는 중국 사유가 전체성을 중심으로 한 질서의식이라는 특징을 지녔다는 것을 부분과 전체의 관점에서 바라보고 있다. 이러한 논리는 사실 근대 사회에서 전형적으로 나타나는 이익 사회(利益 社會, Gegellschaft)의 모습과는 차이가 있는 전근대 사회에서 일반적으로 나타나는 공동 사회(共同 社會, Gemeinschaft)의 특성[33]을 그라네(Granet)가 중국사상에서 간파한 것이라고 할 수 있다. 이러한 공동 사회적 특징은 중국이 오래전부터 농업을 주요한 생산력으로 지탱된 사회였으며, 역사 이래로 혈연적 관계를 중시한 가족주의의 사회였다는 점에서도 잘 나타나는 현상이다. 이러한 공동 사회에서는 개인보다 사회가 중시되어, 개인의 자유는 중요한 문제로 대두되지 못하고 가부장적 질서가 중시되는 현상이 나타난다. 이러한 사회적 배경아래 송대 신유학의 유기체적 자연 개념은 부분보다 전체를 중시하는 공동 사회의 논리와 깊은 연관이 있다고 할

---

32) Marcel Granet: *Das chinesische Denken* (München: dtv, 1963), p.258.
33) 페르디난트 퇴니스: 공동사회와 이익사회, 황성모 역 (서울: 삼성출판사, 1982), pp.36 – 107.

수 있다.

그리고 부분보다는 전체를 중시하는 신유학의 논리는 중세사상의 일반적인 흐름과 일맥상통하는 측면이 있다. 서양의 경우 고대와 중세 그리고 근대에 이르기까지 이러한 논리적 경향이 일부 남아 있었던 것이다. 특히 중세 서양의 생기론(生氣論, Vitalism)이나 현대 유기체론(有機體論, Organism)이 주로 부분보다는 전체의 논리에 입각하고 있는 것이다. 이와 같이 부분을 인식함에 있어 그 부분의 독자적 위상보다는 전체와 긴밀한 관계의 측면에서 부분을 파악하는 경향은 송대 신유학의 자연인식에서도 두드러지게 나타나는 현상으로, 송대 신유학의 자연 개념이 유기체론의 특성을 지니고 있다는 것을 보여준다.

그런데 자연을 존재 전체로 파악하는 신유학의 유기체적 자연 개념은 중국의 과학사상의 특징과 밀접한 연관이 있다. 예를 들어 중국에서는 자연을 존재 전체로 인식하여, "자연에 대한 수학적 가설의 적용, 실험적 방법에 대한 충분한 이해와 적용, 일차적 성질과 이차적 성질의 구별, 공간의 기하학화, 실재에 대한 기계적 모델의 수용들이 발전"[34]한 유럽과는 다른 정성적(定性的) 과학이 주류를 이룬 것이다. 특히 자연을 존재 전체로 인식하는 방법은 자연을 적극적인 실험을 통해 인간을 위해 변형시키려는 노력과 상반되는 것이었다는 사실에 유념할 필요가 있다. 이러한 송대 신유학의 유기체적 자연 개념은 중세적 사유의 정점을 이루고 있는 반면에, 중국의 학문이 근대 과학으로 발전하는 데 커다란 장애가 된 것이다. 다음 절에서는 송대 신유학의 자연 개념의 특징을 상보적 관계를 중심으로 살펴보겠다.

---

34) 김영식 편: 중국전통문화와 과학 (서울: 창작과 비평사, 1986), pp.31-32.

제2절 상보 관계의 자연

자연에 대한 기계론적 인식은 자연을 구성하는 각 요소들을 분리하여 개별적으로 파악한다. 그러나 신유학은 자연의 구성물들을 고립적인 원자(Atom: 더 이상 쪼갤 수 없는 소립자)로 인식하지 않는다. 다시 말해 신유학의 자연인식은 끊임없이 이어지는 물질의 연속성에 기반을 두고 있는 것이다. 예를 들어 신유학에서 음(陰)과 양(陽)은 서로 무관한 두 물체가 아니라 한 물질의 두 속성인 것이다. 뿐만 아니라 음과 양은 상호 전환할 수 있는 특징이 있다. 주희는 음과 양의 밀접한 상호관계를 다음과 같이 서술한다.

> 음과 양은 단지 一氣일 뿐이다. 음의 氣가 움직이면 양이 된다. 양의 氣가 응결하면 음이 된다. (양과 음이) 두 가지 물체로 서로 반대되는 것은 아니다.[35]

여기서 음과 양의 상호전환이 가능한 근거는 음과 양이 모두 일기(一氣)라는 점에 있다. 그리고 기(氣)의 유행과 응결에 따라 상대적으로 음과 양이 성립하는 것이지, 절대적인 기준에 따라 음과 양을 나누지는 않는다. 그리고 주희는 음과 양의 양립 가능성 또한 배제한다. 예를 들어 주희는 음과 양의 관계를 "천지간에 양립하는 원리는 없다. 음이 양을 이기지 않으면 양이 음을 이긴다."[36]고 하여 음과 양이 두 실체로 성립할 수 없음을 강조한다. 따라서 음과 양은

---

35) 『晦庵集』, 卷50, p.465, 陰陽只是一氣, 陰氣流行卽爲陽, 陽氣凝聚卽陰. 非直有二物相對也.
36) 『朱子語類』, 卷65「易1」, p.1604, 天地間無兩立之理. 非陰勝陽, 卽陽勝陰.

상관관계의 측면에서 파악해야 그 온전한 의미가 드러날 수 있다.[37]

또한 신유학의 음과 양은 기본적으로 만물의 생성을 설명할 수 있는 존재의 두 측면이다. 주돈이는 만물의 생성 과정을 다음과 같이 서술한다.

> 오행은 음양이고, 음양은 太極이며, 太極은 본래 無極이다. 오행이 생겨남은 각기 그 본성이 있다. 無極의 진수와 陰陽 五行의 정수가 묘하게 결합하여, 하늘의 道는 남성이 되고 땅의 道는 여성이 되며, 氣 둘이 서로 감응하여 만물을 낳는다. 만물이 계속 생기니 변화가 끝이 없다.[38]

여기서 만물의 생성에 필요한 기본 범주는 무극(無極)과 태극(太極), 음양(陰陽) 그리고 오행(五行)이다. 왜냐하면 이 개념들은 서로 결합하거나 상호작용을 하여 구체적인 만물의 생성을 설명하는 이론적 도구이기 때문이다. 그런데 만약 이 개념들 가운데 어느 하나라도 존재하지 않는다면 만물은 생성될 수 없을 것이다. 왜냐하면 기본 범주의 각각은 만물 생성의 논리적 순서를 의미하기 때문이다. 따라서 주돈이의 논리를 정리해 보면 무극, 태극, 음양, 오행은 서로 밀접한 상보적 관계를 통해 새로운 생명체를 끊임없이 탄생시키는 것으로 이해할 수 있다.

위에서 제시된 주돈이의 만물 생성의 논리는 중국 사상사에서 전혀 새로운 현상은 아니다. 왜냐하면 이미 원시 유가의 경전인 『역경(易經)』에는 천(天)을 남성에 비유하고 지(地)를 여성에 비유하여 남성과 여성의 교합으로 만물의 생성과 변화를 설명하고 있기 때문이

---

37) A. C. Graham: *Yin-Yang and the Nature of Correlative Thinking* (Kent Riddge: Institute of East Asian Philosophies, 1986), pp.1-15.
38) 『周元公集』, 卷1「太極圖說」, pp.417-418, 五行一陰陽也, 陰陽一太極也, 太極本無極也. 五行之生也, 各一其性. 無極之眞, 二五之精, 妙合而凝, 乾道成男, 坤道成女, 二氣交感, 化生萬物, 萬物生生, 而變化無窮焉.

다.[39] 다시 말해 주돈이는 전통적인 만물 생성의 논리를 받아들여 자신의 이론체계를 형성한 것이다. 따라서 만물의 생성과 변화에 관한 주돈이의 이론은 자연의 생성을 생물학적인 전형, 즉 남성과 여성의 교합으로 설명한 전통적인 인식을 수용한 것이라 할 수 있다. 이러한 논리구조는 신유학이 자연을 살아 있는 거대한 유기체로 인식했음을 의미한다.

그리고 주돈이의 논리에 따르게 되면 자연을 구성하는 각 부분들의 총합은 단순히 자연 전체와 등가물이 되는 것이 아니라, 자연의 부분들을 합한 전체 이상이 될 수밖에 없는 것이다. 왜냐하면 유기체로서의 자연은 구성 요소들 간의 긴밀한 관계망이 전체 질서의 핵심적인 연결점이고, 그것이 자연을 구성하는 요소들의 단순한 총합으로 봐서는 자연의 본질을 포착할 수 없기 때문이다. 이러한 자연의 생성 이론은 기계론적 세계관에서는 성립하기 어려운 논리이지만, 생물학적(生物學的) 자연주의(自然主義)라 할 수 있는 유기체적(有機體的 世界觀)에서는 얼마든지 성립 가능한 논리체계라 할 수 있다.

위와 같은 신유학의 논리를 현대 유기체론과 비교해 보자. 대표적인 유기체론자인 알프레드 노스 화이트헤드(Alfred North Whitehead; 1861－1947)에 의하면 모든 존재는 상호 긴밀히 연관되어 있다. 화이트헤드(Whitehead)는 존재의 관계성에 대해 다음과 같이 설명한다.

　　다시 말하면 어떠한 존재entity도 우주의 체계로부터 완전히 분리되어서는 파악될 수 없다는 것, 그리고 사변철학의 임무는 바로 이러한 진리를 밝히는 일이라는 것이 전제되어 있다. 이러한 특성이 사변철학의 정합성이다.[40]

---

39) 『易經』, 卷23「繫辭下」, p.629, 天地絪縕, 萬物化淳, 男女構精, 萬物化生.
40) 화이트헤드: 과정과 실재, 오영환 역 (서울: 민음사, 1991), p.50.

이와 같이 화이트헤드(Whitehead)는 어떤 존재든 고립적으로 존립할 수 없고, 항상 다른 존재와의 관계 속에서 파악될 수밖에 없다고 설명한다. 그런데 장재의 경우 "사물은 고립된 원리가 없다."41)라고 존재의 관계를 분명하게 제시하고 있다. 따라서 자연을 구성하는 각 부분들을 관계의 측면에서 파악한다는 점에서 신유학은 유기체적 논리와 유사하다고 할 수 있다.

그런데 자연의 구성물 간의 관계성을 중시한다는 것은 어느 것도 고립해서 존재할 수 없다는 인식의 표현이다. 여기서 만물의 하나인 인간도 예외가 될 수 없다. 즉 인간 또한 다른 자연의 구성물과 긴밀히 연관되어 있는 것이다. 이와 같이 인간과 자연의 상보적 관계를 주희의 사상을 통해 살펴보겠다. 주희는 우선 주돈이의 견해를 수용하여 인간의 생성을 다음과 같이 언급하고 있다.

질문; 한 사람이 태어날 때 어떻습니까?
답변; 기의 변화(氣化)로 태어나는데, 음양과 오행의 정수가 결합하여 형성되는 것이다.42)

이와 같이 주희는 주돈이와 매우 유사한 논리로 인간의 생성 과정을 설명하고 있는데, 인간의 생성 과정은 남성과 여성이 상징화된 음과 양의 상보 관계, 그리고 물질적 재료라 할 수 있는 오행의 상호작용으로 파악되는 것이다. 확실히 송대 신유학에서는 자연이나 인간의 생성을 상보 관계의 측면에서 해명하고 있는 것이다. 이러한 상보 관계는 자연과 인간의 관계에도 그대로 적용된다고 할 수 있다. 다시 말해 자연에 대한 송대 신유학의 유기체적 인식의 고유한

---

41) 『張子全書』, 卷2「正蒙·動物」, p.40, 物無孤立之理.
42) 『朱子語類』, 卷1「理氣上」, p.7, 問, 生第一箇人時如何. 曰, 以氣化二五之精合而成形.

특징은 바로 자연과 인간의 상보적 관계인 것이다. 그리고 자연과 인간의 상보적 관계는 객관적 실재인 자연에 대한 독특한 인식 논리로 이어진다.

다음으로 신유학이 객관적 실재에 대한 인간의 인식 과정을 어떻게 설명하고 있는지 먼저 이정(二程)의 논리를 통해 살펴보자. 이정은 "원리가 없는 사물은 없으니, 오직 격물(格物)로 원리를 다 인식할 수 있다."[43]고 하여, 자연 현상의 인식 가능 근거를 사물에 원리가 있다는 것에 두고 있다. 그리고 인식 방법으로 격물(格物)을 제시하고 있는 것이다. 이러한 이정(二程)의 격물론(格物論)은 주희에 이르러 보다 구체적으로 전개된다. 그런데 송대 신유학에서 격물론(格物論)은 중국 사상사에서 보기 드문 인식론(認識論)으로, 인식의 가능 근거의 문제와 인식 과정, 그리고 인식 결과에 대한 중요한 자료를 제공하고 있다. 따라서 원전에 근거하여 송대 신유가, 특히 주희의 격물론(格物論)을 구체적으로 분석하고 평가할 필요가 있는 것이다.

송대 신유학의 형성과정에서 사서(四書)는 매우 중요한 역할을 수행한다. 특히 주희(朱熹)는 사서(四書)를 중심으로 송대 이전의 경학 전통을 집대성하여 신유학의 형성에 결정적인 영향을 미쳤다. 그런데 주희는 사서(四書) 가운데 『대학(大學)』을 가장 먼저 연구할 학문 대상으로 여겼으며,[44] 『대학(大學)』에 대한 치밀한 문자고증과 문헌비평을 시도하여 「격물보전(格物補傳)」을 구성하였다. 따라서 주희의 학문 방법론 가운데 『대학(大學)』의 '격물치지(格物致知)'는 전통적인 경학(經學)과 새로운 해석 풍토가 결합된 대표적인 인식논

---

43) 『二程粹言』, 卷下「人物」, p.433, 無物無理, 惟格物可以盡理.
44) 『朱子語類』, 卷14「大學1」, p.249, 學問須以大學爲先, 次論語, 次孟子, 次中庸.

리라 할 수 있다. 이제 구체적으로 격물(格物)과 치지(致知)를 분석
해 보겠다.

격물(格物)은 『대학(大學)』의 팔조목(八條目)[45] 가운데 하나로, 주
희는 '격(格)'을 '지(至)'로 '물(物)'을 '사(事)'로 해석하고 있다.[46] 이
것은 주희가 '격물(格物)'을 '일에 이르다(至事)'로 이해하고 있다는
것을 의미한다. 만약 주희가 '물(物)'을 단지 '사(事)'로만 해석했다
면, '격물(格物)'에서 '물(物)'의 외연은 인간의 행위에만 연관된 일
이나 사건과 같이 매우 한정적인 의미가 되었을 것이다. 그러나 주
희는 다른 곳에서 '물(物)'을 '사물(事物)'로 규정하여,[47] 인식주체인
인간의 감각기관에 포착되는 모든 인식대상을 포괄하는 '물(物)'의
개념에 도달하고 있다.[48] 여기서 주희의 '물(物)' 개념은 일단 인식
의 주체인 자신을 제외한 모든 객관적 실재라 할 수 있다. 따라서
'격물(格物)'은 인식주체가 '객관대상을 인식하는 것'을 의미한다.[49]

그런데 '격(格)'을 '지(至)'로 해석하는 것은 좀 더 살펴볼 필요가
있다. 주희의 '격(格)' 해석인 '지(至)'는 '천하의 사물에 나아간다(卽
凡天下之物)'[50]는 것인데, 그는 다른 곳에서 '격(格)'을 '진(盡)'으로

---

45) 『大學』, 2章, pp.14-15, 古之欲明命德於天下者, 先治其國, 欲治其國
　　者, 先齊其家, 欲齊其家者, 先修其身, 欲修其身者, 先正其心, 欲正其
　　心者, 先誠其意, 欲誠其意者, 先致其知, 致知, 在格物. 物格而后, 知
　　至, 知至而后, 意誠, 意誠而后, 心正, 心正而后, 身修, 身修而后, 家齊,
　　家齊而后, 國治, 國治而后, 天下平.
46) 『大學』, 首章「釋明明德」, p.14, 格, 至也. 物, 猶事也.
47) 『朱子語類』, 卷15「大學2」, p.284, 格物二字最好. 物, 謂事物也.
48) 『朱子語類』, 卷15「大學2」, p.282, 眼前凡所應接底都是物.
49) 大濱晧는 주희가 가치의 측면에서 人과 物을 구분하고, 인식의 主體와
　　客體로 心과 物을 구별하고 있는 것으로 파악한다. 大濱晧: 朱子の 哲
　　學 (東京: 東京大出版會, 1983), pp.239-240. 그러나 여기서는 우선 가
　　치의 문제를 뒤로 미루고 인식론적 측면에서 物의 특성을 객관적으로
　　규정한 것이다.
50) 『大學』, 5章, p.24, 卽凡天下之物.

규정하고 있다.[51] 이러한 해석은 이미 모든 사물(事物)에는 이(理)가 있으며,[52] 격물(格物)은 바로 사물의 이(理)를 궁극적으로 탐구한다는 의미가 내포되어 있는 것이다.[53] 여기서 '격물(格物)'은 인식대상인 사물의 원리를 궁극적으로 탐구하는 '궁리(窮理)'라는 인식단계에 도달한다. 다시 말해 주희의 격물(格物) 체계에서 '지사(至事)'인 '즉물(卽物)'은 바로 궁리(窮理)하기 위한 전단계 방법이라 할 수 있다.[54] 그러나 『대학(大學)』의 본문에는 궁리(窮理)라는 표현은 보이지 않고, 단지 '격물(格物)'만을 언급하고 있다. 이러한 현상을 주희는 궁리(窮理)라고 할 경우, 이(理)는 너무 추상적이어서 구체적이고 개별적인 사물인 물(物)을 탐구하도록 '격물(格物)'만을 언급한다고 설명한다.[55] 그런데 이(理) 개념 자체가 송대 이전의 유학에서는 중요한 개념이 아니었기 때문에, 궁리(窮理)라는 표현이 『대학(大學)』에 없는 것이 오히려 자연스럽다. 궁리(窮理)는 주희 자신이 격물(格物)에 대한 새로운 해석과정에서 개념적 요청의 차원에서 적극적으로 활용한 것이라 할 수 있다. 다음으로 격물(格物) 개념과 연관해서 치지(致知)를 분석해 보자.

---

51) 『朱子語類』, 卷15「大學2」, p.283, 格物者, 格, 盡也.
52) 『朱子語類』, 卷15「大學2」, p.296, 目前事事物物, 皆有至理. 如一草一木, 一禽一獸, 皆有理.
53) 『朱子語類』, 卷15「大學2」, p.289, 所謂窮理者, 事事物物, 各自有箇事物底道理, 窮之須要周盡.
54) 위에서 나눈 인식단계는 인식의 과정을 이해하기 위한 방편이지, 절대적인 기준은 아니다. 왜냐하면 인식은 도식적으로 나누기 어려울 만큼 과정과 결과가 중첩돼서 나타나기 때문이다. 참고로 陳來는 格物을 卽物, 窮理, 至極의 종합으로 이해한다. 陳 來: 朱熹哲學硏究 (北京: 中國社會科學出版社, 1987), p.218.
55) 『朱子語類』, 卷15「大學2」, p.288, 大學不說窮理, 只說箇格物, 便是要人就事物上理會, 如此方見得實體. 『朱子語類』, 卷15「大學2」, p.289, 格物, 不說窮理, 却言格物. 蓋言理, 則無可捉摸, 物有時而難, 言物則理自在, 自是難不得.

주희는 '치지(致知)'에서 '치(致)'는 '추극(推極)'으로 '지(知)'는 '식(識)'으로 해석한다.56) 나아가 주희는 '지(知)'를 보다 구체적으로 설명하면서, 바로 심(心)의 인식작용과 연관시키고 있다.57) 여기서 심(心)은 바로 객관적 실재를 감각을 통해 인식하고, 사유하는 인식 주체라 할 수 있다. 또한 '격물(格物)'이 주로 인식대상의 측면을 강조한 것이라면, '치지(致知)'는 주로 인식주체의 측면과 연관된다.58) 그리고 '격물(格物)'이 개별적인 사물의 원리를 탐구하는 부분적인 이론이라면, '치지(致知)'는 인식주체의 지식을 확대해 나가는 전체적인 이론이다.59) 확실히 주희는 '지(知)'를 주관적 인식으로 파악하고 있으며, 그 주관적 인식에서 시작하여 인식의 궁극적 단계까지 추구하는 것으로 '치지(致知)'를 설명한다.60) 이러한 점을 고려할 때, '치지(致知)'를 현대적 의미로 재해석한다면, '주관적인 인식주체인 마음을 궁극까지 추구한다'는 것으로 이해할 수 있다.

이제 본격적으로 『대학(大學)』의 「격물보전(格物補傳)」에 제시된 '격물치지(格物致知)'61)의 논리를 인식 과정과 결과의 측면에서 다루고자 한다. 우선 주희는 「대학(大學)」에 언급된 '치지재격물(致知在格物)'을 "나의 인식을 궁극까지 추구하고자 한다면, 사물에 나아

---

56) 『大學』, 首章「釋明明德」, p.14, 致, 推極也. 知, 猶識也.
57) 『朱子語類』, 卷15「大學2」, p.293, 知者, 吾自有此知. 此心虛明廣大, 無所不知, 要當極其至耳.
58) 『朱子語類』, 卷18「大學5」, p.399, 格物致知, 彼我相對而言耳.
59) 『朱子語類』, 卷15「大學2」, p.291, 格物, 是物物上窮其至理, 致知, 是吾心無所不知. 格物, 是零細說, 致知, 是全體說.
60) 『大學』, 首章「釋明明德」, p.14, 推極吾之知識, 欲其所知無不盡也.
61) 『大學』, 5章, p.24, 所謂, 致知在格物者, 言欲致吾之知, 在卽物而窮其理也. 蓋人心之靈, 莫不有之, 而天下之物, 莫不有理, 惟於理, 有未窮故, 其知, 有不盡也. 是以, 大學始敎 必使學者, 卽凡天下之物, 莫不因其已知之理, 而益窮之, 以求至乎其極, 至於用力之久, 而一旦, 豁然貫通焉, 則衆物之表裏精粗無不到, 而吾心之全體大用, 無不明矣 此謂格物, 此謂知之至也.

가 그 원리를 파악한다는 것을 말한다(言欲致吾之知, 在卽物而窮其
理也)."라고 하여, 격물(格物)과 치지(致知) 그리고 궁리(窮理)의 상
호관계를 규정짓는다. 또한 주희는 격물(格物)과 치지(致知)를 별도
의 인식행위로 파악하지 않으며, 이(理)와 심(心)이라는 두 측면으로
이해하고 있는 것이다.[62] 그리고 격물(格物)은 사물의 원리를 객관
적으로 탐구하는 것과 치지(致知)는 사물의 원리를 주관적으로 인식
하는 것과 연관시킨다.[63]

그런데 주희는 궁리(窮理)와 연관해서 당시의 신유가 특히 이정
(二程) 제자들의 격물치지론(格物致知論)을 비판하는 가운데, 보다
구체적인 자신의 논리를 전개한다.[64] 예를 들어 주희는 여대림(呂大
臨; 1042?－1090?)이 외부의 객관적 대상을 일원적 동일성으로 파악
한 격물치지론(格物致知論)에 대해, 내적인 인식주체의 문제를 소홀
히 다룬 점을 비판하고 인식대상을 구체적으로 파악할 것을 요구하
고 있다.[65] 말하자면 여대림은 이(理)의 보편성의 입장에서 격물(格
物)을 다루고 있지만, 주희는 개별적인 이(理)의 특수성을 강조하는
입장에서 여대림을 비판하는 것이다. 그러나 그는 양시(楊時; 1053
－1135)가 격물(格物)을 내적인 수양의 논리로 해석한 것에 대해, 궁

---

62) 『朱子語類』, 卷15「大學2」, p.292, 郭叔雲問, 爲學之初, 在乎格物. 物物
    有理, 第恐氣稟昏愚, 不能格至其理. 曰, 人箇箇有知, 不成都無知, 但
    不能推而致之耳. 格物理至徹底處. 又云, 致知格物, 只是一事, 非是今
    日格物, 明日又致知. 格物, 以理言也. 致知, 以心言也.
63) 『朱子語類』, 卷18「大學5」, p.305, 格物者, 窮事事物物之理, 致知者, 知
    事事物物之理.
64) 주희는 '近世大儒'들의 논리를 비평하는 가운데 자신의 格物致知論을 간
    접적으로 드러내고 있다. 여기서는 『大學或問』, pp.79－83 가운데 대표
    적인 두 가지 경향을 다루고, 『朱子語類』, 卷18「大學5」, pp.416－422를
    참조하였다.
65) 『大學或問』, p.81, (呂與叔 說) 然其欲必窮萬物之理, 而專指外物, 則於
    理之在己者, 有不明矣. 但求衆物比類之同, 而不究一物性情之理, 則於
    理之精微者, 有不察矣.

리(窮理)라는 인식과정 이후의 일로 미루고 있다.[66] 다시 말해 주희
는 격물치지(格物致知)를 수양단계 이전에 거쳐야 할 인식단계로 외
적 대상에 대한 궁리(窮理)가 필요하다는 입장을 견지하고 있는 것
이다.

송대 신유가의 격물치지론(格物致知論)에 대한 주희의 비판적 검
토는 다음과 같은 특징이 있다. 첫째, 주희는 주관적인 인식주체와
객관적인 인식대상의 연속성 속에서 격물치지(格物致知)를 해석하고
있다. 이러한 논리적 전제가 있기 때문에 앞에서 거론한 일면적인
논리들을 비판적으로 바라볼 수 있는 것이다. 둘째, 주희는 대상에
대한 인식과정을 세분화시켜 이해하고 있다. 예를 들어 객관적 대상
에 대한 인식의 시작은 우선 즉물(卽物)이며, 다음으로 궁리(窮理)이
며, 마지막으로 최고의 인식단계인 활연관통(豁然貫通)이다. 이 인식
과정은 격물치지(格物致知)의 전개와 밀접한 연관이 있다. 인식과정
에 대한 주희의 논리를 좀 더 살펴보자.

주희는 「격물보전(格物補傳)」에서 "대개 인간은 마음의 신령스러
움을 지니지 않은 이가 없고, 천하의 사물은 원리가 없지 않지만,
오직 원리에 있어 아직 파악하지 못한 것이 있으므로 그 인식이 다
하지 못함이 있다(蓋人心之靈, 莫不有之, 而天下之物, 莫不有理, 惟
於理, 有未窮故, 其知, 有不盡也)"라고 한 뒤, 인식의 최초단계를
'천하의 사물에 나아가는 것(卽凡天下之物)'으로 설정한다. 이것이
바로 즉물(卽物)의 인식단계인 것이다. 여기서 주희의 경우 즉물(卽
物)의 구체적인 대상은 서적, 역사적 사건, 사회문제, 사물과 같은
매우 포괄적인 객관적 실재라 할 수 있다. 그리고 그러한 대상을 인
식하는 주체는 바로 인간의 심(心)인 것이다. 그런데 인간은 즉물(卽

---

66) 『大學或問』, p.81, 所謂格物亦曰, 反身而誠, 則天下之物, 無不在我者,
是亦似矣. 反身而誠乃爲物格知至以後之事, 言其窮理之至, 無所不盡.

物)의 단계에서 완전한 무지의 상태로 대상과 교섭하는 것이 아니다. 왜냐하면 인간은 즉물(卽物)의 단계 이전에 이미 일정한 지식과 인식능력을 지니고 있기 때문이다. 그러므로 격물치지(格物致知)의 인식과정에서 사물의 원리를 궁극적으로 탐구하는 궁리(窮理)의 단계는 반드시 이미 알고 있는 원리(已知之理)에서 출발하여, 그것을 더욱 심화시켜 그 궁극에 이르는 것을 추구하는 것(而益窮之, 以求至乎其極)이다. 그리고 이러한 격물치지(格物致知)는 다음과 같은 과정을 거치게 된다.

처음에는 개별적인 사물의 원리를 하나 하나 탐구하여 구체적인 진리에 도달한다. 그러나 개별적인 인식만으로는 그 특수성을 벗어나지 못하기 때문에, 오랫동안 힘을 기울이는 과정(至於用力之久)이 필요한 것이다. 또한 이 과정이 계속되는 가운데 비로소 "하루 아침에 환하게 두루 통하게 된다(一旦, 豁然貫通)"는 보편적 인식단계에 이르게 된다는 것이다. 그리고 마지막으로 활연관통(豁然貫通)이 이루어지면, "모든 사물의 겉과 속, 정밀함과 투박함에 이르고, 내 마음의 온전한 모습과 큰 능력이 밝아진다. 이것을 격물(格物)이라 하고, 이것을 인식의 완성이라 한다(衆物之表裏精粗無不到, 而吾心之全體大用, 無不明矣 此謂格物, 此謂知之至也)."고 하여 인식의 전 과정을 망라하고 있다. 여기서 격물치지(格物致知)는 최초 인식단계인 즉물(卽物)에서 인식의 완성단계인 활연관통(豁然貫通)에 이르게 되는 것이다.[67]

이러한 인식과정에서 중요한 것은 '활연관통(豁然貫通)'이라는 인식의 '질적 비약'이다. 다시 말해 활연관통(豁然貫通) 이전의 단계가

---

67) 흔히 주희의 豁然貫通은 禪宗의 頓悟로 이해된다. 그러나 頓悟가 인간의 경험지식의 축적에 의지하지 않는 신비한 종교적 체험인 데 반해, 豁然貫通은 그 전단계에서 장기간의 경험지식을 요구하고 있다는 점에서 차이점을 발견할 수 있다. 陳來: Op.cit., p.231.

지식의 양적 축적 과정이라면, 활연관통(豁然貫通)은 질적으로 다른
주체와 객체의 합일에 도달한 새로운 단계라 할 수 있다. 그렇다면
이러한 과정은 어떠한 방법에 의해 이루어지는가? 주희는 치지(致
知)와 지지(知至)를 구분하면서, 바로 유추(類推)[68]의 과정과 그 결
과를 기준으로 삼고 있다.[69] 다시 말해 주희는 개별적인 사물의 원
리를 구체적으로 파악한 다음, 유추(類推)의 방법을 통해 또 다른
사물의 원리를 인식해 나가는 과정을 통해 보편적인 진리인 활연관
통(豁然貫通)에 이른다고 보는 것이다.[70] 그런데 방법적으로 주희의
인식논리는 동일한 인식결과를 도출하기 어려운 자의적(恣意的) 논
리라 할 수 있다. 왜냐하면 주희가 제시하는 인식방법을 그대로 따
른다고 해도, 그 인식결과는 얼마든지 다르게 나타날 수 있는 것이
기 때문이다. 따라서 주희의 인식방법인 유추를 통한 직관은 보편적
진리에 이르는 객관적 방법이 아닌 것이다. 그렇다면 주희의 격물치
지(格物致知)의 궁극적 지향점에 대해 살펴보겠다.

　주희가 「격물보전(格物補傳)」을 작성하게 된 구체적 동기는 『대학
(大學)』의 팔조목(八條目) 가운데 '격물(格物)'과 '치지(致知)'에 관한

---

68) 陳來는 類推를 貫通 이후의 연역적 방법으로 파악하여, 積累－貫通－推
類로 주희의 格物說을 이해하고 있다. 陳來: Ibid, pp.235－238. 그러나
주희는 類推를 통해 豁然貫通의 경지에 이르는 것으로 파악한다. 사실
豁然貫通이란 현실적으로 불가능한 인식의 절대적 보편성의 단계이다.
따라서 類推는 豁然貫通에 이르기 위한 연역적 인식방법으로 이해할
필요가 있다.

69) 『朱子語類』, 卷16「大學3」, p.324, 致知, 則理在物, 而推吾之知以知之
也. 知至, 則理在物, 而吾心之知已得其極也.

70) 『朱子語類』, 卷18「大學5」, pp.392－393, 窮理者, 因其所已知而及其所
未知, 因其所已達而及其所未達. 人之良知, 本所固有. 然不能窮理者,
只是足於已知已達, 而不能窮其未知未達, 故見得一截, 不曾又見得一
截. 此其所以於理未精也. 然仍須工夫日日增加. 今日旣格得一物, 明日又
格得一物, 工夫更不住之做. 如左脚進得一步, 右脚又進一步, 右脚進得
一步, 左脚又進, 接續不已, 自然貫通.

설명이 유실되었다고 판단했기 때문이다. 그런데 '격물치지(格物致知)'는 『대학(大學)』의 삼강령(三綱領) 가운데 '명명덕(明明德)'과 밀접한 연관이 있다. 바로 격물치지(格物致知)는 명명덕(明明德)의 구체적인 방법들 가운데 하나라 할 수 있다. 예컨대 주희는 명명덕(明明德)과 연관해서 인식주체인 심(心)을 거론하고 있다.[71] 그리고 명덕(明德)이란 다름 아닌 천(天)이 명(命)한 것으로, 인간과 사물의 차별근거가 되는 것이다.[72] 그렇다면 인간의 내적인 반성을 통해 심(心)을 잘 보존하기만 하면(存心), 명덕(明德)을 밝힐 수 있을 것인데, 다시 격물(格物)을 언급하는 것은 무엇 때문인가?

이 문제에 대해 주희는 인간의 마음이 지닌 주관적인 추상성의 한계를 고려하여, 구체적인 객관적 사물(事物)을 통한 원리의 인식 가능성을 확보하고 있다.[73] 이러한 주희의 논리는 객관적인 사물의 이(理)를 통해 인간의 이(理)를 파악할 수 있다는 전제를 배경으로 하고 있다. 예를 들어 격물(格物)에 대한 해석에서 주희는 사물(事物)에 인간의 윤리적 가치인 시비(是非)를 투영시키고 있는 점을 보아도,[74] 주희의 격물치지(格物致知)가 존재(存在)와 가치(價値)가 분

---

71) 『大學』, 首章「釋明明德」, p.14, 明明德於天下者, 使天下之人, 皆有以明其明德也. 心者, 身之所主也. 誠, 實也. 意者, 心之所發也. 實其心之所發, 欲其必自慊而無自欺也.

72) 『朱子語類』, 卷16「大學3」, p.315, 問明德, 明命. 曰, 便是天之所命謂性者. 人皆有此明德, 但爲物欲之所昏蔽, 故暗塞爾.

73) 『朱子語類』, 卷15「大學2」, p.292, 問, 致知, 是欲於事理無所不知, 格物, 是格其所以然之故. 此意通否. 曰, 不須如此說. 只是推極我所知, 須要就那事物上理會. 致知, 是自我而言, 格物, 是就物而言. 若不格物, 何緣得知. 而今人也有推極其知者, 却只泛泛然竭其心思, 都不就事物上窮究. 如此, 則終無所知.

74) 『朱子語類』, 卷15「大學2」, p.284, 須窮極事物之理到盡處, 便有一箇是, 一箇非, 是底便行, 非底便不行. 凡自家身心上, 皆須體驗得一箇是非. 若講論文字, 應接事物, 各各體驗, 漸漸推廣, 地步自然寬濶. 如曾子三省, 只管如此體驗去.

리되지 않은 유기체론(有機體論)을 기반으로 하고 있다는 사실을 확
인할 수 있다. 따라서 주희의 격물치지(格物致知)가 궁극적으로 지
향하는 것은 객관적으로 존재하는 모든 것에 가치를 실현시키는 천
인합일(天人合一)을 위한 패러다임의 완성인 것이다.

위와 같은 주희의 격물치지(格物致知)는 그 목적의 한계로 인해
근대 자연과학과의 거리감을 좁히지 못했다. 특히 주희의 격물치지
(格物致知)는 후학들에게 발전적으로 계승되지 않았다. 예를 들어
왕수인(王守仁; 1472-1528)이 대나무 앞에서 병이 날 정도로 격물
(格物)을 해도 사물에 대한 객관적 인식에 도달하지 못한 것은 그가
근대 과학적 방법과는 거리가 있었다는 것을 보여주는 예증일 뿐만
아니라,75) 이미 주희의 직관적 인식 방법에서 비롯된 방법적 오류의
재연이라 할 수 있다.

다음으로 송대 신유학이 자연을 상보 관계로 파악하는 논리를 좀
더 살펴보겠다. 앞에서 논의했듯이 송대 신유학은 자연을 인간과의
대립이 아닌 동일성으로 파악한다는 점에서 전형적인 유기체론의 하
나라고 할 수 있다. 인간을 자연과의 연속적 관계에서 파악한다는
점에서는 기계적 유물론이 아닌 변증법적 인식방법과 유사하다고 할
수 있는 것이다. 그런데 여기서 송대 신유학이 자연과 인간의 상호
관계를 모순관계로 파악하고 있는 것이 아니라 조화로운 관계로 파
악하는 것에 주목할 필요가 있다.

예를 들어 송대 신유가가 매우 존중했던 『중용(中庸)』에서 자연과
인간의 관계에 대해 전형적인 조화의 논리를 발견하는 것은 어렵지
않은 일이다.

　　天이 명령한 것을 본성이라 하고, 본성을 따르는 것을 (인간의) 도

---

75) 참조. Joseph Needham: *SCC* Vol. Ⅱ, p.510.

리라 하며, 도리를 닦는 것을 가르침이라 한다.[76]

고대 중국의 어법으로 볼 때, 천(天)이란 다름 아닌 자연을 의미한다. 여기서 주희는 命을 令이라고 해석하고 있다.[77] 그리고 본성에 따른다는 것은 자연 상태를 매우 존중한다는 것을 의미한다. 그런데 고대 중국에서 천(天)을 주재자(主宰者)로 이해하는 경향은 일찍이 사라졌다는 점을 고려할 때, 주희가 천을 인격신의 의미로 해석했다고 볼 수는 없고, 천을 인간사에 비유한 표현이라 할 수 있다.[78] 자연에 대한 신유학의 인식 논리는 바로 자연과 인간의 연속적 동일성에 주목하고, 인간이 자연에 순응하여 자연과 조화로운 관계를 형성하고 있다는 전제를 토대로 하고 있다. 따라서 신유학의 자연인식은 자신의 의지와 상관없는 인간의 본성적 상태, 즉 자연 상태에 순응하는 논리인 것이다. 이러한 자연인식은 자연을 대상화하는 작업을 원천적으로 막고 있는 자연과 인간의 연속적 동일성의 논리라 할 수 있다.

송대 신유학의 자연 개념은 자연 속의 모든 것이 서로 조화로운 관계를 형성하고 있다는 것을 전제로 한다. 그리고 인간과 자연의 조화가 성립할 수 있는 매개 고리는 인간과 자연의 공통적 속성을 인정하는 것에서 비롯된다. 다시 말해 인간과 자연은 모두 음(陰)과 양(陽)이라는 기(氣)의 결합으로 생성되므로 서로 조화로운 관계를 형성할 수 있다는 논리인 것이다. 이와 같이 송대 신유학에서는 인간과 자연의 상보적 관계를 통해 자연은 영원히 그 질서를 유지한다는 논리가 지배적이라 할 수 있다.

그런데 송대 신유학의 상보적 관계를 중시하는 논리는 결국 대등한 수평적 관계에서 조화를 추구하는 것이 아니라, 불평등한 수직적

---

76) 『中庸』, 1章, p.769, 天命之謂性, 率性之謂道, 修道之謂敎.
77) Ibid., 命猶令也. 性卽理也.
78) 본 논문 제2장 제1절 '원시적 자연인식'을 참조할 것.

관계를 옹호하는 차원에서 고정된 상보 관계를 중시한 것이라 할 수
있다. 왜냐하면 송대 신유학에서는 평등의 원리가 관념적 수준에서
는 성립했을지라도, 현실적으로는 불평등의 원리가 지배하고 있는
현실을 옹호하기 위한 사유체계이기 때문이다. 이 점에 대한 보다
구체적인 서술은 뒤에서 하기로 하고, 여기서는 자연을 상보 관계로
파악하는 송대 신유학의 자연 개념을 좀 더 살펴보기로 하겠다.

　자연을 상보 관계로 파악하는 송대 신유학의 자연 개념은 실제로
자연계가 상보적 관계만으로 이루어졌느냐는 사실성의 문제에 직면
할 수 있다. 왜냐하면 자연 생태계의 실제 모습은 공존(共存), 공생
(共生) 관계뿐만 아니라 먹이 사슬에 의한 약육강식과 적자생존의
치열한 상황이 끊임없이 이어지는 현장이기 때문이다. 또한 인간과
자연의 관계도 인간의 문화적 삶을 위해서는 불가피하게 자연 상태
를 극복하기 위한 투쟁이 뒤따라야 하는 것이다. 따라서 자연 생태
계가 조화로운 관계로 이루어졌다는 인식이나 인간과 자연의 조화로
운 관계라는 자연 개념은 일면적 고찰에 그칠 가능성이 높다고 할
수 있다.

　또한 상보적 관계를 중시하는 신유학의 자연인식의 논리가 사회의
신분질서에 대한 논리적 근거로 활용될 경우 매우 심각한 현상이 나
타날 수도 있다. 왜냐하면 자연인식은 인간의 세계관을 형성하는 데
매우 중요한 역할을 하며, 자연에 대한 인식은 인간의 실천과 불가
분의 관계를 형성하고 있기 때문이다. 이제 송대 신유학의 자연인식
의 특징을 위계구조의 측면에서 보다 자세히 분석해 보겠다.

제3절 위계 구조의 자연

자연계에 대한 위계 구조적 인식은 물질의 다양성과 긴밀한 관련이 있다. 예를 들어 현대 생물학에서 자연을 생물계와 무생물계로 분류하고 생물계를 다시 문(門), 강(綱), 목(目), 과(科), 속(屬), 종(種)으로 층차를 두는 것은 종의 다양성을 체계적으로 이해하기 위한 객관적이고 합리적인 방법이다. 또한 생물학과 물리학의 발달로 성립할 수 있었던 유기체론(有機體論, Organism)도 존재의 다양성을 자연의 위계구조와 연관시키고 있는 것이다.[79]

그런데 고대 중국의 자연인식에서도 자연의 위계구조로 존재의 다양성을 인식하려는 경향이 나타난다. 예를 들어 『노자도덕경(老子道德經)』에서 "도(道)는 하나를 낳고 하나는 둘을 낳으며 셋은 만물을 낳는다."[80]거나, "근원으로 돌아가는 것이 도(道)의 운동이며, 약한 것은 도(道)의 운용이다. 천하 만물은 유(有)에서 나오고, 유(有)는 무(無)에서 나온다."[81]는 인식이 존재한다. 또한 『역경(易經)』에서는 "그러므로 역(易)에 태극(太極)이 있다. 여기서 양의(兩儀)가 생긴다. 양의(兩儀)는 사상(四象)을 낳고 사상(四象)은 팔괘(八卦)를 낳는다."[82]라고 하여, 자연 속에 존재하는 만물의 다양성을 위계구조로 인식한 것이다.

---

79) 박상환: "유기체사유에 대한 비교철학적 고찰", 대동문화연구 29 (서울: 성대 대동문화연구원, 1994), pp.99-101. 아서 O. 러브죠이: 존재의 대연쇄, 차하순 역 (서울: 탐구당, 1992), p.197.
80) 『老子道德經』, 42章, p.164, 道生一, 一生二, 二生三, 三生萬物.
81) 『老子道德經』, 40章, p.163, 反者道之動, 弱者道之用, 天下萬物生於有, 有生於無.
82) 『易經』, 卷22「繫辭上」, p.607, 是故易有太極. 是生兩儀. 兩儀生四象, 四象生八卦.

도가의 자연주의적 논리의 영향을 받은 신유학에서도 자연을 위계 구조로 인식하고 있다. 예를 들어 주돈이의 만물 생성론은 존재의 위계구조를 무극(無極)과 태극(太極)을 정점으로 하여, 음양(陰陽)과 오행(五行) 그리고 만물(萬物)로 파악하여 존재의 다양성을 설명하고 있는 것이다.[83] 그런데 주돈이의 만물 생성의 순환적 논리구조가 형식적 측면에서 『대학(大學)』의 논리구조와 유사하다는 점에 주목할 필요가 있다. 예를 들어 『대학(大學)』 팔조목(八條目)은 평천하(平天下)에서 격물(格物)과 치지(致知)에 이르는 논리적 구조가 다시 지지(知至)와 물격(物格)에서 신수(身修)과 국치(國治) 그리고 천하평(天下平)으로 회귀하는 순환적 논리 구조를 전개하고 있는 것이다.[84]

다음으로 송대 신유학의 자연인식은 자연을 단순히 객관적인 인식의 대상으로 삼지 않았다는 점에 특징이 있다. 다시 말해 신유가는 누구나 자연을 인식할 경우에 항상 인간 사회의 윤리적(倫理的) 가치(價値) 문제에서 벗어나지 않는다. 즉 송대 신유학은 자연과 사회를 연속적으로 파악하고 있는 것이다. 이러한 신유학의 논리는 자연의 사회화이자 사회의 자연화인 것이다. 예를 들어 주돈이의 만물 생성론에서 그 단서를 찾을 수 있다.

---

83) 『周元公集』, 卷1 「太極圖說」, pp.416-418, 無極而太極, 太極動而生陽. 動極而靜, 靜而生陰. 靜極復動, 一動一靜, 互爲其根, 分陰分陽, 兩儀立焉. 陽變陰合, 而生水火木金土. 五氣順布, 四時行焉. 五行一陰陽也, 陰陽一太極也, 太極本無極也. 五行一陰陽也, 陰陽一太極也, 太極本無極也. 五行之生也, 各一其性. 無極之眞, 二五之精, 妙合而凝, 乾道成男, 坤道成女, 二氣交感, 化生萬物, 萬物生生, 而變化無窮焉.

84) 『大學』, 2章, pp.14-15, 古之欲明明德於天下者, 先治其國, 欲治其國者, 先其齊家, 欲齊其家者, 先修其身, 欲修其身者, 先正其心, 欲正其心者, 先誠其意, 欲誠其意者, 先致其知, 致知, 在格物. 物格而后, 知至, 知至而后, 意誠, 意誠而后, 心正, 心正而后, 身修, 身修而后, 家齊, 家齊而后, 國治, 國治而后, 天下平.

하늘의 道는 남성이 되고 땅의 道는 여성이 되며, 氣 둘이 서로 감응하여 만물을 낳는다. 만물이 낳고 낳으니 변화가 끝이 없다. 사람만이 그 빼어남과 가장 신령함을 얻어 형체가 이미 생기고 정신이 알게 된다. 仁 義 禮 智 信 다섯 본성이 느끼고 움직여 선악이 나뉘어지고 모든 일이 나타난다. 聖人이 그것을 中 正 仁 義로 정하고 고요함을 주로 하여 사람의 지극함을 세운 것이다. 그러므로 聖人은 천지와 그 덕을 합하고, 일월과 그 밝음을 합하고, 사시와 그 순서를 합하고, 귀신과 길흉을 합하는 것이니, 君子는 수양하니 길하고 小人은 거슬려 흉하게 된다. 그러므로 말하기를 하늘의 道를 세워 음과 양이라 하고, 땅의 道를 세워 유강이라 하며, 인간의 道를 세워 仁義라 한다. 또한 말하기를 시작과 끝을 헤아리고 연구하면 죽고 사는 것을 알 수 있다. 크구나! 易이여, 그 지극함이여.[85]

여기서 주돈이는 만물의 생성 이후에 인간의 존재를 설명하고, 인간을 성인(聖人)과 군자(君子)와 소인(小人)으로 나눈 뒤, 하늘의 도(天道)와 땅의 도(地道) 그리고 인간의 도(人道)를 말하고 있다. 그런데 인간의 도(人道)가 바로 윤리적 가치 범주인 인의(仁義)로 표현되는 점에 유의할 필요가 있다. 앞에서 인간이 만물 가운데 가장 뛰어난 합리적 근거를 제시하지 않은 상태에서, 주돈이의 경우 동물과 인간의 차이를 나타내주는 내면적 기준은 아마도 인의(仁義)라고 이해해도 무리가 없을 것이다. 그리고 인의(仁義)라는 것이 군자와 소인의 구분을 가능하게 만든다는 점을 글의 문맥 속에서 충분히 파

---

85)『周元公集』, 卷1「太極圖說」, pp.417-419, 乾道成男, 坤道成女, 二氣交感, 化生萬物, 萬物生生, 而變化無窮焉. 惟人也, 得其秀而最靈, 形旣生矣, 神發知矣, 五性感動而善惡分, 萬事出矣, 聖人定之以中正仁義, 而主靜立人極焉. 故聖人與天地合其德, 日月合其明, 四時合其序, 鬼神合吉凶, 君子修之吉, 小人悖之凶. 故曰 立天之道 曰陰與陽, 立地之道, 曰柔與剛, 立人之道, 曰仁與義. 又曰, 原始反終, 故知死生之說. 大哉, 易也, 斯其至矣.

악할 수 있다. 이런 점들을 고려할 때, 주돈이는 자연 개념을 통해
인간의 도덕적 가치를 보편타당한 것으로 만들었다고 할 수 있다.

　이러한 현상은 주돈이의 경우에만 국한되는 것이 아니다. 예를 들
어 대표적인 기(氣) 철학자인 장재에게서도 우주론적 차원의 윤리적
가치론은 전형적인 형태로 나타난다. 예를 들면 장재는 「서명(西銘)」
에서 다음과 같이 적고 있다.

　　하늘을 아버지라 부르고 땅을 어머니라 부르며, 나 여기 보잘것없
　　으니 혼돈 가운데 처해 있다. 그러므로 천지에 가득 찬 것은 나의 몸
　　이고, 천지를 이끄는 것은 나의 본성이다. 백성은 나의 동포며 만물은
　　나와 함께 한다. 천자는 내 부모의 장남이고, 그 대신은 장남 집안 가
　　신의 우두머리이다.[86]

　여기서 알 수 있듯이 장재는 우주를 인간의 혈연적 관계에 비유
해서 설명하고, 사회적 관계 또한 혈연적 관계로 연관시킨 이후에는
효(孝)와 같은 윤리적 가치를 거론하고 있다. 이러한 현상은 주돈이
의 경우와 마찬가지로 장재의 자연 개념에도 윤리적 가치 규정이 개
입하고 있다는 것을 보여준다. 이러한 윤리적 가치 개념의 존재론화
는 주돈이의 사상에서 다시 확인할 수 있다. 예를 들어 주돈이는 예
(禮)를 이(理)로 파악하여 각각의 분별을 강조한 후에 음악을 통한
조화를 강조하고 있는 것이다.[87]

　그리고 송대 신유학을 성립시킨 주희의 경우도 자연의 최고 범주

---

86) 『張子全書』, 卷1「西銘」, pp.1－4, 乾稱父, 坤稱母, 余玆藐焉, 乃混然中
　　處. 故天地之塞, 吾其體, 天地之帥, 吾其性. 民吾同胞, 物吾與也. 大君
　　者, 吾父母宗子, 其大臣, 宗子之家相也.
87) 『周元公集』, 卷1「通書・禮樂」, pp.426－427, 禮, 理也. 樂, 和也. 陰陽理而
　　後和, 君君, 臣臣, 父父, 子子, 兄兄, 弟弟, 夫夫, 婦婦, 萬物各得其理,
　　然後和, 故禮先而樂後.

인 태극(太極)을 이(理)라고 정의하고 있으며, 그 이(理)는 바로 성(性)
으로 이(理)의 구체적 내용을 윤리적 가치 개념인 인의예지(仁義禮
智)로 파악하고 있다.[88] 이러한 점을 종합해 보면 송대 신유학의 자
연인식은 윤리적 가치 개념이 투영된 만물 생성론이라 할 수 있다.

여기서 송대 신유학의 이(理) 개념이 구체적으로 어떤 도덕적 의
미를 내포하고 있는지를 살펴볼 필요가 있다. 주희의 경우 태극(太
極)이 이(理)이고 인의예지(仁義禮智)가 이(理)라는 논리는 이미 앞
에서 검토하였다. 그리고 이(理)가 '질서의 원리'로 해석될 수 있다
는 것도 이미 논증을 거쳤다. 그런데 그 질서가 무엇의 질서인지가
보다 구체적으로 규명될 필요가 있는 것이다. 논의의 단서를 다시
천극(天極)에 대한 니담(Needham)의 해석에서 찾아보겠다. 니담
(Needham)은 천극(天極)을 해석하는 과정에서 다음과 같은 중요한
단서를 제공한다.

결국 고대 자연 철학자에게 天極이 단순한 기하학적 점이라고 확
신할 수 없다. 그들에게 天極은 바로 세계의 회전축 그 자체에 접근
할 수 있는 제일 가까운 길이며, 地上의 皇帝의 지위는 그것을 묘사
한 것으로서 수립되었던 것이다.[89]

여기서 주목할 만한 사실은 자연에 대한 유기체적 해석과 사회적
위계구조의 해석이 매우 밀접한 연관하에 이루어지고 있다는 점이
다. 그런데 주희의 경우 지상의 황제의 명칭으로 이용하기도 하는
제(帝) 개념에 대한 해석 과정에서 "제(帝)는 이(理)를 주로 한다."[90]

---

88) 『朱子語類』, 卷5「性理2」, p.82, 性卽理也, 在心喚做性, 在事喚做理. p.83,
    性是實理, 仁義禮智皆具.
89) Joseph Needham: SCC Vol.Ⅱ, p.465.
90) 『朱子語類』, 卷1「理氣上」, p.5, 帝是理爲主.

라고 하여 제(帝)의 주재적(主宰的) 측면을 강조하고 있다. 사실 아무리 추상적인 철학적 개념이라 할지라도 현실의 어떤 모습을 나타낼 여지는 논리적으로 충분히 가능성이 있다고 할 수 있다. 다만 그 표현이 주로 개념적인 방식으로 이루어진다는 점에서 현실과 일정한 거리가 있는 것이다. 이러한 논리를 전제한다면 태극(太極), 즉 이(理)의 실제 모습은 송대의 중앙 집권제적 정치체제의 정점에 있는 皇帝를 의미한다고도 볼 수 있다. 비록 송대 신유가들이 의식적으로 황제를 태극에 비유하지는 않았다고 하더라도, 태극(太極)을 정점으로 하는 위계 구조적 논리를 전개하는 과정에서, 무의식적으로 현실 사회의 신분 질서에서 최고 정점을 차지하고 있는 황제(皇帝)라는 심상(心像)이 형성된 것이다.

이러한 논리를 전제한다면, 이(理) 개념이 '태극을 정점으로 하는 자연 질서와 황제를 정점으로 하는 사회 질서의 원리'를 의미한다고 볼 수 있다. 보다 구체적으로 설명한다면, 송대 신유학의 자연 개념이 태극, 음양, 오행 그리고 만물로 피라미드식 위계구조를 갖추고 있듯이, 인간 사회도 황제(王), 관료(大夫), 지식인(士), 농공상(農工商, 民衆) 그리고 천민(賤民) 등의 사회적 계층구조로 이루어져 있음을 나타내는 것이다. 그러므로 신유학의 자연인식은 중세 중국 사회의 신분질서를 유지하기 위한 논리적 요청에서 비롯되었다고 할 수 있다. 따라서 중세적 신분 사회에 대한 송대 신유학의 위계 구조적 인식이라는 불평등의 논리는 사실 송대 사회의 실제 모습을 논리적으로 포착한 것이라 할 수 있다. 그런데 송대의 불평등한 신분 사회에서는 필연적으로 '대립물의 투쟁'이 발생할 수밖에 없는 것 또한 역사적 사실이다. 그러나 신유학에서는 그 모순을 '조화로운 질서'로 회피하고 있는 것이다. 다시 말해 송대 신유학은 불평등한 차별적 인간세계를 자연의 조화라는 이념으로 희석화하여 현실의 불평등을 옹호한 것이다.

그러나 사회의 불평등 구조와 자연의 위계적 구조는 전혀 별개의 문제임에도 불구하고 신유학은 그것을 동일시하는 데서 논리적으로 비합리성이 있는 것이다. 여기서 신유학의 자연인식은 자연을 그 자체로 연구하고 실험하며 산업화하려는 의도가 없었음을 알게 된다. 다시 말해 송대 신유학의 자연인식은 사회현실의 모순을 자연의 조화로 무마하려는 신유학의 봉건적 지배이데올로기의 관심에서 비롯되었다고 할 수 있다. 그러므로 송대 신유학은 자연을 그 자체로 객관화하여 인간을 위한 물질적 대상으로 파악하기보다는 단지 자연의 위계구조를 인간사회의 신분질서의 옹호의 논리로 이용하려는 경향이 두드러진다고 할 수 있다.

그런데 송대 신유학의 자연 개념이 형이상학적 차원에서 형성되지 않았다면, 아마도 송대 신유학은 그 성립조차 불가능했을 것이다. 왜냐하면 송대의 도교(道敎)나 불교(佛敎)의 형이상학적 논리와의 대결에서 신유학이 원시 유학의 비근한 생활 세계의 도덕적 당위론만을 내세웠다면, 송대 신유학은 제대로 성립하지 못했을 것이기 때문이다. 그리고 당연히 송대 신유학이 동아시아의 중세 사상계를 지배할 수도 없었을 것이다. 이러한 점에서 볼 때, 송대 신유학의 자연 개념은 당시의 사회 경제적 현실과 긴밀히 연관되어, 신유학의 학적 성립에 매우 중요한 역할을 수행했던 것이다.

다음 장에서는 신유학의 자연 개념이 내포하고 있는 인식 방법의 문제점과 중세적 지배 이데올로기로 기능했던 사실을 방법적 측면과 이념적 측면으로 나누어 비판해 보고자 한다.

제 5 장

송대 신유학의 방법과 이념 비판

송대(宋代) 신유학(新儒學)의 자연(自然) 개념(槪念)에 관한 객관적 이해와 함께 반드시 거쳐야 할 과정이 바로 비판적(批判的) 평가(評價)라 할 수 있다. 왜냐하면 비판적 평가는 송대 신유학의 현대적 의미를 검토하는 중요한 작업이기 때문이다. 현대 중국의 경우, 과거 사상에 대한 다양한 평가와 사상적 대안에 대한 진지한 모색이 이루어지고 있다. 최근의 예를 들면 유학부흥론(儒學復興論), 비판계승론(批判繼承論), 서체중용론(西體中用論), 철저재건론(徹底再建論) 등이 바로 그러한 노력의 일환인 것이다.[1] 그런데 과거 중국은 전통에 대한 철저한 비판의 과정을 거쳤기 때문에 현재의 논의는 보다 발전적인 양상을 보여주고 있는 것이다. 그러나 우리의 경우는 급격한 근현대사의 소용돌이 속에서 과거 사상에 대한 철저한 비판의 과정을 거치지 못했다고 할 수 있다. 여기서 우리의 중세 사상은 송대 신유학과 밀접한 연관이 있다는 점에 유의할 필요가 있다. 따라서 송대 신유학에 대해 철저한 비판적 검토를 시도하는 일은 전통 사상에 대한 전면적인 비판적 계승의 과정에서 반드시 필요한 작업이라고 생각한다.

송대 신유학의 유기체적(有機體的) 자연(自然) 개념(槪念)에 대한 평가는 먼저 천인합일(天人合一)의 논리를 전개하는 신유가(新儒家)

---

1) 한국철학사상연구회 편: 현대중국의 모색 (서울: 동녘, 1992), pp.9-22.

의 자연 개념을 비판적으로 검토하는 것에서 출발한다. 이 과정에서 자연과 인간의 절충이란 측면에서 송대 신유학의 자연 개념의 문제점을 지적한다. 그리고 방법론적으로 송대 신유학의 자연 개념이 분석을 배제한 논리라는 점에 주목하고, 보편과 특수를 절충(折衷)하는 논리적 문제를 살펴본다. 마지막으로 송대 신유학의 자연 개념이 중국의 중세적 신분 질서를 옹호한 이념적 근거를 제공했다는 점을 체계적으로 비판할 것이다.

제1절 자연과 인간의 절충

송대 신유학은 자연을 연속적인 존재 전체(存在 全體)로 인식한다. 그런데 인간이 자연을 적극적으로 파악하고 '우리를 위한 물物(Ding für uns)'로 만들기 위해서는 우선 자연과 인간의 엄격한 분리, 즉 자연(自然)을 철저하게 대상화(對象化)하는 작업이 필요하다. 왜냐하면 인간은 자연을 대상화해야만 자연현상의 내적 본질, 즉 자연법칙을 정확히 파악할 수 있기 때문이다. 그런데 송대 신유학은 자연을 인간과 대립하는 인식의 대상으로 파악하는 데 실패하고, 항상 인간과의 연속선상에서 이해한다. 다시 말해 신유학은 자연과의 대립을 회피한 소극적 자연인식에 머물렀던 것이다.

예를 들어 이정(二程)과 주희의 격물(格物)은 사물의 원리를 추구했다는 점에서 과학적인 논리체계의 성립 가능성을 보여주고 있지만, 결국은 자연을 철저한 인식의 대상으로 설정하지 못하고 신비한 천인합일(天人合一)의 논리를 벗어나지 못하고 있는 것이다.[2] 뿐만 아니라 송대 신유학의 자연 개념은 자연계를 인간을 위해 적극적으로 실험하고 변형 가공하려는 의도가 없었다고 할 수 있다. 따라서 송대 신유학은 다른 어느 시대보다 활발했던 생산력의 향상이나 기술적 발달을 논리적으로 체계화하는 작업에 실패했다고 할 수 있다. 또한 이것은 송대 신유학의 유기체적 자연 개념이 지닌 한계로 송대 사회가 더 이상의 발달, 즉 근대 과학으로의 발전을 이루지 못한 주요 원인으로 볼 수도 있다.

이러한 현상은 천(天)에 대한 송대 신유학의 인식에서 전형적으로 나타난다. 중국의 전근대 사회에서 천(天)은 일반적으로 자연을 의미한다는 사실은 이미 논증을 거쳤다고 할 수 있다. 그런데 송대 신유학의 천(天) 개념에 대한 해석을 살펴보면 논리적으로 일관되지 못한 현상을 확인하게 된다. 예를 들어 주희는 다음과 같이 천(天) 개념을 해석한다.

> 푸르고 푸른 것을 天이라 한다. 운행하여 넓게 흘러 그치지 않으니 곧 이것이다. 그러나 지금 天에 죄악을 판정하는 사람이 있다고 말하는 것은 본래 옳지 않다. 또한 주재하는 것이 전혀 없다고 하는 것도 옳지 않다. 이와 같은 점을 잘 이해해야 한다.[3]

여기서 주희는 먼저 천(天)을 감각적으로 지각되는 대상으로 이해한다. 그리고 천(天)을 마치 인간적 존재로 여기는 주술적 자연인식에 대해 비판하는 것처럼 보인다. 그러나 주희는 곧바로 천(天)의 주재적 작용을 인정하고 마는 것이다. 이렇게 천(天)을 다양하게 이해하는 주

---

2) 『孟子』, 「公孫丑章句上」, p.502, 程子曰, 天人一也. 更不分別.
3) 『朱子語類』, 卷1「理氣上」, p.5, 蒼蒼之謂天. 運轉周流不已, 便是那箇. 而今說天有箇人在那裏批判罪惡, 固不可. 說道全無主之者, 又不可. 這裏要人見得.

희의 천(天) 해석은 다음 인용문에서 보다 구체적으로 제시된다.

> 장중의 질문; "天은 내 백성이 보는 것으로 보고, 天은 내 백성이
> 듣는 것으로 듣는다."는 것은 天이 곧 이(理)라는 것이 아닙니까?
> 주희의 답변; 天은 본래 이(理)이다. 그러나 푸르고 푸른 것도 역시
> 天이고, 위에 있어 주재하는 것도 역시 天이다. 각기 그가 말하는 바
> 를 따른다.[4]

여기서 주희는 천(天)이 푸른 하늘, 주재자, 원리 등 다양하게 해석
될 수 있음을 밝히고 있다. 이러한 주희의 논리는 송대 이전의 자연
인식들을 절충한 논리체계라 할 수 있다. 이러한 절충적 논리가 주희
에게서도 발견되는 것은 결코 우연이 아니다. 왜냐하면 주희는 송대
신유학을 집대성하는 가운데 많은 사상적 조류들을 철저한 비판 과
정을 거치지 못한 채 성급한 사상의 통합에 몰두했기 때문이다.

이와 같은 주희의 자연 개념은 오히려 순황의 자연 개념보다 후
퇴한 결과를 초래하였다. 왜냐하면 주희의 천(天) 개념은 순황의 객
관적 실재라는 천(天) 개념이 크게 희석되고, 원시적이고 주술적인
자연 개념이 남아 있기 때문이다. 따라서 주희의 자연인식에는 송대
이전의 자연인식들을 절충한 한계가 남아 있다고 할 수 있다. 그렇
다면 천(天)과 인(人)의 관계, 즉 자연과 인간의 관계를 송대 신유학
이 어떻게 설정하고 있는가를 살펴보자.

주희의 자연관에서 기(氣) 개념은 매우 중요한 역할을 수행한다. 왜
냐하면 주희는 기(氣) 개념으로 자연의 물질적 기초를 설정하기 때문
이다. 그리고 주희의 기(氣) 개념은 자연과 인간의 합일을 가능하게

---

4) 『朱子語類』, 卷79「尙書」, p.2039, 莊仲問, 天視自我民視, 天聽自我民聽,
   謂天便是理)否. 曰, 天固是이(理). 然蒼蒼者亦是天, 在上而有主宰者亦
   是天. 各隨他所說.

만드는 논리적 근거를 제공한다.5) 예를 들어 주희는 기(氣)가 천지이며, 저절로 음양(陰陽)으로 나뉘고 음(陰)의 기(氣)와 양(陽)의 기(氣)가 서로 감응(感應)하여 만물을 생성한다고 파악한다.6) 주희의 이러한 자연인식은 기(氣)를 매개로 하여 자연과 인간의 상호관계를 설명한다는 점에 그 특징이 있다. 다시 말해 중국 고대(古代)의 천인합일(天人合一)의 논리와 한대(漢代) 동중서(董仲舒; 179－104 B.C.)의 천인감응(天人感應) 사상을 절충한 논리체계를 구축하고 있는 것이다. 주희(朱熹)는 맹가(孟軻; 372?－289 B.C.)의 호연지기(浩然之氣)를 설명하는 과정에서 정호(程顥)의 말을 다음과 같이 인용하고 있다.

정호가 말하기를, "자연과 인간은 하나다. 다시 분별할 수 없다. 浩然之氣는 곧 나의 氣다. 배양하고 해치지 않으면 천지에 가득 찰 것이다."7)

여기서 송대 신유학의 자연인식의 기본 체계가 분명하게 밝혀지고 있다. 즉 송대 신유학은 자연을 인간과 분리되지 않은 존재로 인식하고 있는 것이다. 그러므로 신유학의 자연인식은 기본적으로 자연과 인간의 절충적 인식이라 할 수 있다. 다시 말해 신유학의 자연인식은 인간과 자연의 차이점을 무시하고 인간과 자연의 타협점을 모색한 절충주의(折衷主義, Eclecticism)라 할 수 있다.

그런데 천인합일(天人合一)과 같은 경우처럼 자연과 인간의 합일(合一)을 논한다는 것은 논리적으로 이미 천(天)과 인(人)의 분리를 전제하는 것일 수도 있다. 그러나 중국의 경우 그 자연과 인간의 분

---

5) 『朱子語類』, 卷3「鬼神」, p.34, 屈伸往來者, 氣也. 天地間無非氣, 人之氣與天地之氣常相接, 無間斷, 人自不見.
6) 『朱子語類』, 卷53「孟子3」, p.1286, 天地只是一氣, 便自分陰陽. 緣有陰陽二氣相感, 化生萬物, 故事物未嘗無對.
7) 『孟子』, 「公孫丑章句上」, p.502, 程子曰, 天人一也. 更不分別. 浩然之氣乃吾氣也. 養而無害則塞于天地.

리가 철저하게 이루어지지 못한 채, 천인합일(天人合一)이 강조된 것이다. 결과적으로 중국 사상에서 천(天)과 인(人)의 분리는 전체적인 사상의 흐름을 좌우하지 못했다고 할 수 있다. 다시 말해 중국의 자연인식은 근대 사회에 이르기까지 과학적 자연인식이 사상사의 주류로 형성되지 못하고, 전(前) 근대적인 자연인식이 사상계를 지배한 것이다.

신유학의 절충주의적 자연인식은 조선시대 인물성동이(人物性同異) 논쟁에서도 그 일면을 볼 수 있다. 특히 인간과 사물의 본성이 같다는 입장이 그 논쟁에서 주류를 형성했다는 점에 주목할 필요가 있다. 즉 그 논쟁에서 파악할 수 있는 사실은 자연의 보편성에 인간의 특수성을 희석시켰다는 점이다. 이러한 논리에는 자연과 인간의 절충적인 합일을 추구한 중세 동아시아 사상의 특징이 잘 드러나고 있다는 점이다.

그런데 이 절충주의적 경향은 단지 신유학에 국한되는 문제가 아니라 근대 이행기까지 계속 그 위력을 발휘한다. 예를 들어 19세기 중국의 중체서용(中體西用)의 논리는 어떤 의미에서는 바로 신유학의 변형적 형태라 할 수 있다. 왜냐하면 신유학은 당시에 압도적인 위세를 보이던 다른 사상들 예컨대 불교나 도교와의 확고한 대결의식을 드러내면서 절충적 논리 체계를 수립했듯이, 중체서용의 경우도 압도적인 국력을 지닌 서양 제국주의에 대한 대결의식 속에서 절충적 타협 논리를 전개했기 때문이다. 따라서 절충주의적 경향은 중국의 사상풍토에서 일반적인 현상이라 할 수 있다.

인간과 자연의 절충주의가 과학적 방법론으로 성립할 수 없는 이유는 다음과 같다. 첫째, 절충주의적 자연인식은 자연을 철저하게 대상화하지 못하는 결과를 초래한다. 둘째, 자연의 법칙을 적극적으로 규명하려는 과학적 시도를 하지 못한다. 셋째, 자연의 변화를 인간의

삶을 위해 이용하기보다는 소극적으로 자연 속에 안주하려는 경향을
지닌다.8) 따라서 이러한 신유학의 절충주의적 경향은 중국에서 근대
과학이 성립하지 못한 사상적 원인 가운데 하나라고 할 수 있다.

　그렇다면 현대 환경문제에서 절충주의적 해결방법이 어떠한 영향
을 미칠지 생각해 보자. 생태주의자들은 환경문제의 해결방안으로
동양사상의 환경친화적 요소들을 절충시키는 경향이 있다. 신과학
운동의 기수인 카프라(Capra)의 다음 글을 살펴보자.

　　1960년대와 1970년대는 일련의 광범한 사회 운동을 낳았고, 그들은
　　모두가 동일한 방향으로 가고 있는 듯하다. 생태계에 대한 우려가 높
　　아지고, 신비주의에 강력한 관심이 쏠리고 있으며, 남녀평등에 대한
　　각성이 고조되고, 건강과 자유에 대한 전일적(全一的) 접근법의 재발
　　견 등은 동일한 진화적 흐름을 표출하는 것이다. 그들은 모두가 합리
　　적 남성적 자세와 가치의 과대평가에 대항하여 인간 본성의 남성과
　　여성적 측면 간의 균형을 되찾으려 한다. 이리하여 현대 물리학의 세계
　　관과 동양 신비주의의 세계관 사이의 심오한 조화를 깨닫는 것이 곧
　　보다 큰 문화적 전환의 뗄 수 없는 일부이며, 새로운 실재관(實在觀/
　　vision of reality)이 출현하게 된다.9)

　여기서 카프라는 생태계의 위기라는 심각한 환경문제에 대해 현대
물리학과 동양 신비주의의 조화를 제시하고 있다. 그러나 이런 방법
은 몇 가지 문제가 있다. 첫째, 과학적 엄밀성이 결여되어 있다. 즉
동양 신비주의라는 용어의 외연이 너무 넓은 것이다. 둘째, 현대 물
리학의 과학적 성과를 동양 사상과 비교하는 방법은 절충적인 논리

---

8) 양재혁: "성리학의 문제", 한국사상대계 Ⅳ (서울: 성대 대동문화연구원,
　1984), p.908.
9) 참조. 카프라: 현대물리학과 동양사상, 이성범 외 공역 (서울: 범양사, 1994),
　pp.18－19.

가 되기 쉽다. 왜냐하면 전통적인 동양 사상이 아무리 현대 물리학의 세계관과 유사하다고 해도, 동양 사상은 근대 과학의 연장선상에 있지 않기 때문이다. 셋째, 깨달음을 중요시하는 직관적 인식 방법으로는 현대 환경문제의 근본원인을 제대로 규명할 수 없다. 왜냐하면 현대 환경문제는 훨씬 복잡한 사회구조적 모순과 긴밀히 연관되어 있기 때문이다. 그러므로 생태주의적 환경운동은 여러 가지 노력에도 불구하고 현대 환경문제를 제대로 해결하기에는 이론적으로나 실천적으로 결함이 있는 논리라 할 수 있다.

제2절 보편과 특수의 문제

자연에 대한 신유학의 인식방법의 특징은 바로 엄밀한 분석을 거치지 않은 성급한 종합에 있다. 다시 말해 신유학의 논리에는 분석적 방법이 의식적 무의식적으로 배제되고 있는 것이다. 실제 송대 신유학의 저서들을 살펴보면 대부분 분류의 객관적 기준을 설정하지 못하고 비체계적으로 저술이 이루어졌다고 할 수 있다. 이러한 양상은 실제 글의 내용에 있어서도 그대로 드러난다. 예를 들어 인간과 자연의 관계에서 특수와 보편을 절충적으로 인식하는 경향이 대표적이라 할 수 있다.

송대 신유학의 자연인식이 구체적으로 어떠한 논리적 결함을 지니고 있었는지에 대해, 먼저 송대 신유학의 기(氣)와 이(理) 개념을 비판적으로 검토해 보면 다음과 같은 특징이 있음을 확인할 수 있다. 송대 신유학의 기(氣) 개념은 만물의 생성 과정에서 매우 중요한 역할을 담당하고 있다. 그런데 기(氣)의 청탁(淸濁)과 혼명(昏明) 등과 같은 기준으로 자연과 인간, 인간들 상호간을 분류하거나 동일시하는 논리에서 가장 큰 문제는 그 분류 기준을 객관화하지 못했다는 사실이다.

또한 송대 신유학의 이(理) 개념은 우주를 설명할 때는 새로운 과학적 세계상을 제시할 가능성을 지녔지만, 지나치게 윤리적 가치 개념이 혼용되어 과학 이론의 성립을 방해하고 말았다. 특히 주희는 동시대인인 심괄(沈括; 1031 ‒ 1093)의 과학적 성과를 일부 수용하고 있기는 하지만,[10] 과학 자체의 성립과 연관된 이(理) 개념의 수립에는 상당히 소홀했거나 당시의 과학성과를 무시했다고 할 수 있다.

그리고 송대 신유학에서는 이(理)와 기(氣)의 결합으로 자연과 만물의 생성을 설명하고 있는데, 주희의 사상체계에서 살펴보았듯이 이(理)와 기(氣)의 관계가 매우 모호하다고 할 수 있다. 예를 들어 주희는 기본적으로 이선기후(理先氣後)의 입장이지만 다른 곳에서 이러한 신념이 동요하는 현상을 쉽게 발견할 수 있다. 과학적 논리의 측면에서 바라본다면 이선기후(理先氣後)든 기선이후(氣先理後)든 한 철학 체계 내에서는 논리적 일관성을 유지하는 것이 과학의 성립에 관건이 된다고 할 수 있다. 따라서 송대 신유학의 이(理)와 기(氣)의 논리는 합리적 체계화에 실패했다고 볼 수 있다.

다음으로 자연에 관한 송대 신유학의 직관적 인식 방법을 살펴보자. 비록 일부 현대 과학자들이 직관적 방법의 중요성에 대해 강조하고 있지만,[11] 직관적 인식 방법은 기본적으로 인식 주체에 따라 얼마든지 다르게 해석될 수 있다는 점에서 매우 주관적인 성격이 강하다고 할 수 있다. 송대 신유학의 경우 격물치지(格物致知)에 이를

---

10) 『朱子語類』, 卷2「理氣下」, p.13, 沈括渾儀議, 皆可參考.
11) 董光璧: 도가를 찾아가는 과학자들 (서울: 예문서원, 1994), p.68 ‒ 73.

수 있는 것이 활연관통(豁然貫通)이라는 직관적(直觀的) 인식 방법
이다. 그런데 직관적 인식 방법의 문제는 특수한 능력의 소유자가
사물의 원리를 인식했다고 하더라도, 다른 일반 사람에게 체계적으
로 인식 과정을 설명하여 누구나 사물의 원리를 인식할 수 있도록
할 수 없다는 점이다. 이러한 한계는 과학의 성립에 필수적인 객관
적 보편성이 결여된 논리라 할 수 있다.

뿐만 아니라 송대 신유학은 자연 속에서도 개별적인 종(種)에 따
라 각기 다양한 특성이 있음에도 불구하고 그러한 차이를 분석하는
방법이 발달하지 못했다고 할 수 있다. 예를 들어 중국에서는 박물
학이 발달되었지만 그 수집된 것들을 분류하는 기준이 객관적으로
마련되지 못했다고 할 수 있다. 그리고 추상적인 형식적 논리가 발
달하지 못하고 비유적 방식으로 전형적인 예를 거론하고 그 예를 추
종하는 방법이 문제라 할 수 있다. 이러한 것은 자연을 법칙적으로
파악하지 못하는 결과를 초래하였다. 그라네(Granet)는 다음과 같이
중국사상의 특징을 서술하고 있다.

> 우주 속의 질서는 군주의 덕의 표현이다. 근원적인 질서는 삶과 마
> 찬가지로 사유에도 적용된다. 禮의 타당성은 광범위하다. 자연계와 마
> 찬가지로 윤리의 영역에서도 그 날카로운 분석을 중국인은 이야기하
> 지 않는다. (그 분리는) 자연의 필연적인 영역과 윤리의 자유의 영역
> 으로 대립되어 있는 식이다. 그 모든 것이 禮에 포섭된다. 중국인에게
> 법칙이라는 개념은 낯선 것이다. 인간과 마찬가지로 물질에 대해서도
> 단지 전형만이 존재한다.12)

여기서 그라네(Granet)가 중국 사상의 특징이 분석을 배제한 질서
의 논리에 있다고 역설하고, 중국인에게 법칙이라는 개념이 성립하

---

12) Marcel Granet: Ibid., p.258.

지 못했음을 설명하고 있는 것은 본 논문의 송대 신유학의 자연인식에 대한 비판적 평가와 맥락을 같이한다고 할 수 있다. 이와 같이 송대 신유학의 자연인식이 분석을 배제한 논리라는 점은 현대 신과학 운동의 논리와 생태주의의 논리에서도 발견된다.

그러므로 방법론적으로 살펴볼 때, 현대 환경문제의 대안으로 제기되는 생태주의, 그 논리적 기반인 유기체론은 자연을 철저하게 분석하기보다는 자연을 전체적으로 인식하려는 논리임을 다시 확인할 수 있다. 그러나 논리적 분석이 전제된 종합이야말로 진정한 의미의 과학성을 획득할 수 있다는 점에 유의할 필요가 있다.

따라서 신유학의 방법론이 현대 산업 사회에 적합한 역할을 할 수 있을지 의문이 든다. 왜냐하면 현대 산업 사회는 철저한 분석을 통해 형성되는 고도로 전문화된 지식과 정보가 필요한 사회인데, 신유학의 방법론으로는 이에 부적합하기 때문이다. 이러한 문제점은 현대 환경문제의 해결에서도 드러난다. 다시 말해 만약 첨단 과학기구를 동원해 현재의 환경오염 실태를 분석하지 않는다면, 환경문제의 해결 방법도 모색할 수 없을 것이다. 그러므로 인간과 자연의 추상적인 종합은 현대 환경문제를 해결하는 데 오히려 부정적인 영향을 미친다고 할 수 있다.

제3절 봉건지배의 이념적 근거

어느 시대나 그 사회를 지배하는 이념이 존재한다. 예를 들어 현대 자본주의 사회에서는 자본의 이념이 현대를 지배한다고 볼 수 있다.

초기 자본주의의 진보적 성격은 중세 사회 전반에 대한 철저한 비판에 있다고 할 수 있다. 그러나 일단 자본주의가 사회의 지배적인 이념으로 자리를 잡으면서 초기의 비판적 성격은 희석되고, 오히려 자본주의 체제를 옹호하는 논리로 바뀌는 현상에 유념할 필요가 있다.

송대 신유학의 경우 중국 중세 사회의 절정기에 성립된 이론 체계라 할 수 있다. 특히 송대 사회는 황제를 정점으로 하는 관료제의 발달이 두드러지게 나타난 사회라 할 수 있다. 따라서 송대 신유학이 중세 관료제의 이념과 연관되어 있다는 사실은 당연한 논리적 귀결이라 할 수 있다. 이 과정에서 송대 신유학은 중세 사회의 불평등을 자연적인 것으로 합리화하는 논리체계를 수립한 것이다.

송대 신유학의 유기체적 자연인식에서 자연의 위계적 질서 가운데 정점을 차지하고 있는 천리(天理) 개념을 살펴보자. 이 천리(天理) 개념이 인간 사회의 윤리적 가치로 설명되고 있는 점은 송대 신유학에서 일반적 현상이라 할 수 있다. 예를 들어 이정(二程)은 "인륜(人倫)이란 것은 천리(天理)이다"[13]라고 분명하게 제시하고 있다. 또한 주희는 천리(天理)와 인욕(人欲)을 "먹고 마시는 것은 천리(天理)이다. 아름다움과 맛을 추구하는 것은 인욕(人欲)이다."[14]라고 정의한다. 여기서 주목할 것은 이정(二程)이나 주희가 천리(天理)라는 개념으로 인간 사회의 불평등한 관계를 자연의 원리로 설명하고 있다는 점이다.

이와 같이 사회의 신분 질서를 우주적 차원에서 그 근거를 확보하려는 시도는 이정(二程)에게서 명료하게 드러나고 있다. 이정(二程)은 인간관계의 구체적 원리를 다음과 같이 말한다.

---

13) 程顥・程頤 撰, 朱熹 編: 二程外書, 景印文淵閣四庫全書 (臺北: 臺灣商務印書館, 1983), 卷7, p.316, 人倫者, 天理也.
14) 『朱子語類』, 卷13「學7」, p.224, 飮食者, 天理也. 要求美味, 人欲也.

아버지와 아들, 임금과 신하는 천하의 정해진 원리로, 하늘과 땅 사이에 피할 곳이 없다.[15]

아버지와 아들의 관계는 혈연적 관계이고, 임금과 신하는 사회의 이익적 관계임에도 불구하고, 이정(二程)은 임금과 신하의 관계를 고정불변의 원리로 설명하고 있는 것이다. 뿐만 아니라 이정(二程)은 "임금은 존귀하고 신하는 비천한 것이 변하지 않는 원리이다."[16]라고 함으로써, 변하지 않는 신분 질서의 유지 논리를 지향한다.

따라서 주희가 천리와 인욕을 구분하고, '명천리(明天理), 멸인욕(滅人欲)'을 주장한 것이 결코 우연이 아님을 알 수 있다.[17] 또한 주희는 인욕을 천리로 되돌리려고 많은 이론적 노력을 기울이고 있다는 것은 분명한 사실이다.[18] 이러한 주희의 논리가 송대 특히 남송의 전반적인 위기를 해결하려는 이론적 시도라는 점에서 주목할 만한 가치가 있다. 다시 말해 남송의 민족적 위기와 중세적 신분질서의 동요를 해결하기 위한 이론적 시도로 주희는 천리와 인욕의 논리를 전개한 것이라 할 수 있다. 따라서 순수한 윤리적 의미로 천리와 인욕을 해석하는 것은 주희의 철학 가운데 일면만을 바라본 것이라 할 수 있다.

다음으로 송대 신유학의 조화적 세계관에 대해 살펴보자. 주돈이는 현실 사회의 불평등한 관계를 예(禮)로 파악했으며,[19] 그 불평등

---

15) 『二程遺書』, 卷5, p.68, 父子君臣, 天下之定理, 無所逃於天地之間.
16) 『二程遺書』, 卷18, p.175, 君尊臣卑, 天下之常理也.
17) 『朱子語類』, 卷12「學6」, p.207, 聖賢千言萬語, 只是教人明天理, 滅人欲. 卷13「學7」, p.224, 人之一心, 天理存, 則人欲亡.
18) 『朱子語類』, 卷13「學7」, p.225, 學者須是革盡人欲, 復盡天理, 方始是學.
19) 또한 儒家는 그 자연적이고 사회적인 인간관계에 규범적 특성을 강조하고 있다. 참조. A. S. Cua: *Li and moral justification: A study in the Li Chi*, Philosophy East and West, vol.33 (Honolulu: University of Hawaii, 1983), p.4.

한 관계를 해소시킬 수 있는 것으로 음악을 내세웠다.[20] 또한 장재
는 거대한 조화(Grand Harmony)의 논리를 전개했다. 장재의 저작인 『
정몽(正蒙)』에는 「태화(太和)」라는 편명이 있는데, '태화(太和)'는 다음
과 같이 해석된다.

> 태화는 이른바 道다. 그 가운데 浮沈, 乘降, 動靜이 서로 감응하는
> 능력을 포함하고 있다. 이것은 무한히 서로 운동하는 勝負, 屈伸을
> 낳는 시작이다. 생성이 시작될 때는 은미하고 쉽게 이루어진다. 그러
> 나 생성이 이루어졌을 때는 광대하고 견고하다.[21]

이와 같이 장재는 태화(太和)라는 개념을 활용하여 만물의 생성이
우주론적 차원의 거대한 조화의 운동에서 비롯된다는 것을 설명하고
있다. 이러한 조화의 사상은 송대 신유가들을 사로잡은 세계관이었
음은 분명하다. 왜냐하면 이정(二程)도 『중용(中庸)』에 대한 설명에
서 다음과 같이 조화의 논리를 전개하고 있기 때문이다.

> 기쁨과 분노, 슬픔과 즐거움이 아직 나타나지 않은 상태를 中이라
> 한다. 中이라는 것은 고요하고 움직이지 않은 상태를 말한다. 그러므
> 로 천하의 큰 본질이라 한다. (정이) 나타나서 모두 절도에 맞는 것을
> 和라고 한다. 조화라는 것은 느껴서 두루 통하는 것을 일컫는다. 그러
> 므로 천하의 통달한 道이다.[22]

---

20) 『周元公集』, 卷1「通書·禮樂」, pp.426-427, 禮, 理也. 樂, 和也. 陰陽
理而後和, 君君, 臣臣, 父父, 子子, 兄兄, 弟弟, 夫夫, 婦婦, 萬物各得
其理, 然後和, 故禮先而樂後.

21) 『張子全書』, 卷2「正蒙·太和」, p.22, 太和所謂道. 中涵浮沈乘降動靜相
感之性. 是生絪縕相盪勝負屈伸之始. 其來也. 幾微易簡. 其究也, 廣大
堅固.

22) 『朱子語類』, 卷62「中庸」, p.1511, 伊川言, 喜怒哀樂之未發謂之中, 中也
者, 言寂然不動者也. 故曰天下之大本. 發而皆中節謂之和. 和也者, 言

여기서 '중화(中和)'란 표면적으로는 심리적 측면을 다루고 있다. 그런데 문제가 되는 것은 '적연부동(寂然不動)'과 '발이개중절(發而皆中節)'이라고 할 수 있다. 먼저 '적연부동(寂然不動)'의 논리는 인간의 욕망을 잠재우는 거경(居敬)의 수양방법과 밀접한 관계가 있다. 거경(居敬)은 인식 방법 가운데 침잠(沈潛)의 방법에 속하는 것으로 송대 신유학의 전형적인 수양 방법이기도 하다. 그런데 적연부동(寂然不動)의 목적이 무엇인가가 분명하게 규명될 필요가 있다. 이것을 발이개중절(發而皆中節)과 연관시켜 살펴보도록 하자.

발이개중절(發而皆中節)에서 과연 '절(節)'이란 무엇을 의미하는 것일까? '절(節)'은 본래 '대나무의 마디'를 의미하는데,23) 만약 사회적 의미로 해석한다면 각 신분의 위치를 뜻한다고 할 수 있다. 여기서 '절(節)'은 사회적 분별의 논리로 사용되는 용어인 것이다. 예를 들어 이정(二程)은 "예의(禮義)가 절(節)이다"24)라고 한 것에서도 '절(節)'의 사회적 의미를 알 수 있는 것이다. 따라서 인간의 마음이 적연부동한 상태, 즉 현실의 불평등에 대해 반감을 품지 않는 상태를 '중(中)'이라 하고, 마음이 움직여 사회적 신분 질서와 부합하는 것을 '화(和)'라고 해석할 수 있는 것이다.

이와 같이 송대 신유학의 조화적 세계관은 당시 중세 봉건사회의 계급 간 계층 간의 신분질서를 적극적으로 옹호한 논리라 할 수 있다. 따라서 신유학의 조화적 세계관은 당시 봉건 지배를 논리적으로 완결하여 봉건 지배자에게 이념적 근거를 제공하는 역할을 담당한 것이다.

그런데 송대 신유학의 집대성자인 주희가 살아 있을 때, 주희의

感而遂通者也. 故曰, 天下之達道.
23) 『說文解字』, p.95, 竹, 約也.
24) 『二程遺書』, 卷11, p.104, 禮義者, 節也.

학문이 한탁주(韓侂胄; 1151－1202?)에 의해 위학(僞學, 거짓 학문)
으로 몰렸다는 역사적 사실을 근거로 송대 신유학의 이념이 원래는
통치 이념이 아니라는 주장을 전개하는 경향이 있다. 그러나 주희의
학문이 일정 기간 위학(僞學)으로 취급되었다고 해도 그것은 권력
투쟁의 와중에서 발생한 문제이지 주희 학문의 본질을 드러내는 논
거가 될 수 없다. 특히 주희가 그 사건을 통해 그다지 철저히 탄압
된 것은 아니라는 점에서,25) 주희의 사상을 비통치적 이념으로 파악
하는 것은 상당한 무리가 있는 것이다.

　오히려 주희의 일생은 당시의 중세 봉건 질서를 유지하기 위한
관료의 삶이었으며,26) 죽은 뒤에는 황제에 의해 시호가 내려지고 중
세 관료 계층이나 지식 계층에게 숭배되기에 이르렀다. 또한 이러한
현상은 대외적으로 문화적 차원에서 몽골과 경쟁하던 남송(南宋)의
정치적 동기에서도 필요했던 것으로 이해할 수 있다.27)

　그런데 주희의 사상이 중세 봉건 사회의 지배 이념이었다는 사실
은 다음과 같은 이유에서 보다 명백하게 드러난다. 첫째, 주희의 저
작 가운데『사서집주(四書集註)』는 과거 시험에 공식 과목으로 채택
되어 관료가 되기를 희망한 지식 계층은 누구나 주희의 사상에 큰
영향을 받았다. 이러한 현상은 주희 사상이 중세적 사회 질서 유지
에 결정적인 역할을 했다는 것을 의미한다. 그리고 둘째, 중국의 봉
건 지배자는 대부분 주희의 사상을 자신의 통치 이념으로 삼았다.
예를 들어 송대에 이미 황제는 주희의 사상을 다음과 같이 평가하고
있다.

---

25) James T. C. Liu: *How did a Neo－Confucian school become the state
　　orthodoxy* Philosophy East and West, vol.23 (Honolulu: University of Hawaii,
　　1973), pp.498－501.
26) 高令印: 朱熹事迹考 (上海: 上海人民出版社, 1987), pp.28－29.
27) James T. C. Liu: Ibid., pp.501－504.

내가 주희의 대학 논어 맹자 중용의 집주를 살펴보건대, 성현의 함축된 의도를 발휘시켜 다스림에 보탬이 된다. 나는 바야흐로 학문 연구에 힘씀에 있어 이를 항상 전형이라 생각하며 매우 감탄하고 흠모한다.[28]

그러므로 송대 신유학의 집대성자인 주희의 사상은 중세 신분 질서를 유지하기 위한 이념적 도구였다고 할 수 있다.

그러나 중세적 지배질서를 영속화하려는 신유학의 시도는 근본적으로 불가능한 것이었다. 왜냐하면 모든 사상은 역사의 발전에 따라 그 시대적 적합성을 상실하기 때문이다. 따라서 신유학도 남송대에 사상적 절정에 도달하면서 동시에 쇠퇴의 길을 걷게 되었다고 할 수 있다. 다만 일반적인 사상과 달리 신유학은 그 쇠퇴의 과정이 지극히 완만하게 이루어졌다고 할 수 있다.[29] 그리하여 신유학은 중세 동아시아 사회의 가장 지배적인 사상으로 작용하였다.

이러한 현상은 신유학이 중세 동아시아 사회에 가장 적합한 이론 체계였다는 것을 입증하는 것이지만, 다른 한편 동아시아가 근대 사회로 이행하는 데 커다란 장애물로 작용했다고 할 수도 있다. 왜냐하면 근대 이행기의 동아시아 지식인과 민중은 외적으로 제국주의뿐만 아니라 내적으로 전통주의라는 엄청난 보수세력과도 대결해야 했기 때문이다.[30]

---

28) 馮琦 原編, 陳邦瞻 增輯: 宋史紀事本末, 景印文淵閣四庫全書 (臺北: 臺灣商務印書館, 1983), 권21, p.556, 理宗寶慶三年春正月, 詔曰, 朕觀朱熹集註大學論語孟子中庸, 發揮聖賢蘊奧, 有補治道, 朕方勵志講學緬懷典刑, 深用嘆慕, 可特贈熹太師追封信國公.

29) 金觀濤·劉靑峯 공편: 중국문화의 시스템론적 해석, 김수중 외 공역 (서울: 천지, 1994), p.196.

30) 중국의 경우는 다음을 참조하라. 毛澤東: 毛澤東選集 卷1 (北京: 人民出版社, 1991), pp.320－327.

제 6 장

결 론

이상으로 송대(宋代) 신유학(新儒學)의 유기체적(有機體的) 자연(自然) 개념(概念)을 비판적으로 검토하였다. 이제 본 논문에 대한 이해를 돕기 위해, 먼저 본론의 요지를 체계적으로 요약 정리해 보겠다.

제2장에서는 송대 신유학의 자연인식을 본격적으로 다루기에 앞서, 송대 이전의 자연인식을 살펴보았다. 자연에 대한 인간의 원시적(原始的) 자연인식(自然 認識)은 크게 두 가지 형태로 나타난다. 하나는 자연을 의인화하여 인식하는 유형이고, 다른 하나는 자연을 그 자체로 인식하려는 경향이다. 이러한 두 인식 형태 가운데 전자(前者)는 미신적 자연인식이라 할 수 있는 주술적(呪術的) 자연인식(自然認識)으로 이어지고, 후자(後者)는 자연을 객관적 실재로 이해하는 과학적(科學的) 자연인식(自然認識)으로 발달한다. 여기서 주술적 자연인식이나 과학적 자연인식은 원시적 자연인식이 보다 체계화되는 과정에서 파생된 것들이다. 이 부분에서는 주로 천(天) 개념에 대한 분석을 통해 다양한 자연 개념을 규정짓고 있다. 그런데 주술적 자연인식과 과학적 자연인식이 혼재되어 송대 신유학의 자연 개념을 구성하고 있다는 점이 중요하다.

제3장에서는 송대 신유학이 주로 기(氣)와 이(理) 개념(概念)으로 자연을 설명하고 있는 점을 고려하여, 송대 신유학의 주요 개념인

기(氣)와 이(理) 개념(槪念)을 중심으로 자연(自然)과 인간(人間)의 보편성(普遍性)과 특수성(特殊性)을 다루었다. 송대 신유학의 기(氣) 개념은 물질의 소재적 측면과 물질의 에너지적 측면을 포괄하고 있다. 따라서 송대 신유학 특히 주희(朱熹)의 철학 체계에서 기(氣) 개념이 현대적 의미로 다름 아닌 물질(物質) 개념을 의미한다. 그리고 송대 신유학의 이(理) 개념은 엄밀한 의미의 법칙이나 정신 또는 이성으로 해석될 수 없고, 자연(自然)과 사회(社會)의 질서원리(秩序原理)라 할 수 있다. 이러한 이(理)나 기(氣) 개념은 자연 현상을 설명하는 주요 범주로 활용되고 있다. 다시 말해 이(理)와 기(氣)는 송대 신유학의 자연 개념을 구성하는 주요 범주인 것이다.

제4장은 송대 신유학의 유기체적(有機體的) 자연(自然) 개념(槪念)을 본격적으로 다루었다. 송대 신유학의 자연인식은 다음과 같은 특징이 있다. 첫째, 송대 신유학은 자연을 존재 전체(存在 全體)로 인식한다. 다시 말해 부분(部分)과 전체(全體)의 관점에서 볼 때, 신유학의 자연인식은 부분보다 전체를 강조한 논리라 할 수 있다. 또한 이러한 전체성의 강조는 다름 아닌 자연과 인간에 관한 연속적(連續的) 세계관(世界觀)의 표현이기도 하다.

둘째, 송대 신유학은 자연(自然)의 구성물(構成物)을 상호(相互) 밀접(密接)한 상보적 관계(相補的 關係) 속에서 파악하고 있다. 이러한 자연인식은 자연의 구성물을 고립적(孤立的)이고 단절적(斷絶的)인 요소로 파악하는 기계론적(機械論的) 자연인식(自然 認識)과는 구별(區別)되는 것이다. 또한 송대 신유학의 자연인식은 인간의 생성을 자연의 생성 과정과 기본적으로 동일하게 설명하고, 자연(自然)에 순응(順應)하는 인간상(人間像)을 수립한다. 따라서 송대 신유학의 자연인식은 인간(人間)과 자연(自然)의 상보 관계(相補 關係), 즉 조화로운 관계에 대한 인식이다.

셋째, 송대 신유학은 자연을 위계 구조(位階 構造)로 인식하고 있다. 이러한 자연인식은 통일성과 다양성 가운데 다양성(多樣性)의 관점(觀點)에서 자연을 이해할 때, 성립할 수 있는 인식 형태이다. 그런데 송대 신유학의 자연인식의 특징은 만물 생성의 우주론에 윤리적(倫理的) 가치 개념(價値 概念)이 투영된다는 점이다. 다시 말해 송대 신유학의 위계 구조적 자연인식은 중세 사회(中世 社會)의 신분적 질서(身分的 秩序)와 긴밀히 연관되어 있는 것이다.

제5장은 송대 신유학의 유기체적 자연인식에 대한 비판(批判)을 전개하였다. 송대 신유학의 자연인식은 기본적으로 자연을 객관적 실재로 철저히 대상화시키지 못한 점에서 많은 문제점을 안고 있다. 특히 자연과 인간의 관계라는 측면에서 볼 때, 자연(自然)과 인간(人間)의 절충적 경향(折衷的 傾向)이 두드러진다. 그리고 방법론적으로 송대 신유학은 과학의 성립에 중요한 역할을 하는 분석적 방법(分析的 方法)을 배제(排除)한 절충적 논리(折衷的 論理)를 전개하고 있다. 송대 신유학은 자연을 보편화하여 특수한 존재인 인간을 자연에 포섭하는 논리를 전제하고 있는 것이다. 마지막으로 역사적 측면에서 볼 때, 송대 신유학의 자연 개념은 봉건 사회의 지배적 질서에 대한 이념적 근거라는 점이 문제점으로 남는다. 만약 송대 신유학에서 유기체적 자연 개념이 뒷받침되지 않았다면 그렇게 오랜 기간 중국 사회를 지배하지 못했을 것이다.

송대 신유학의 유기체적 자연인식을 비판적으로 검토하는 과정에서, 송대 신유학의 자연인식을 본격적으로 연구한 논문이 많지 않은 국내 연구 상황을 확인할 수 있었다. 또한 현대 환경문제를 인식하고 송대 신유학의 자연인식을 비판적으로 연구한 논문은 거의 없었다고 할 수 있다. 이와 같은 국내의 학문적 현실 속에서 본 논문의 의미는 크게 셋으로 나누어 볼 수 있다. 본 논문은 첫째, 연구 과정에서 중국학(中國學, Sinology) 연구 성과를 다양하게 반영하고 있다. 둘째, 송대 신유학의 자연 개념의 특징을 유형화(類形化)하고 있다. 셋째, 생태주의의 세계관과 긴밀한 연관이 있는 동아시아의 전통적인 유기체적 자연 개념을 체계적으로 비판(批判)하고 있다.

그런데 송대 신유학의 유기체적 자연 개념은 현대 환경문제의 대안 가운데 하나인 생태주의(生態主義)와 논리적 상관성(論理的 聯關性)이 있다는 점에서 주목할 만한 가치가 있다. 다시 말해 생태주의와 유기체론은 모두 자연과 인간의 조화(調和)를 중시하는 논리체계인 것이다. 여기서 현대 환경문제와 연관해서 생태주의를 살펴볼 필요가 있다. 서구 사회에서 생태주의는 근대 과학이 초래한 환경 위기를 극복하기 위해 새로운 대안으로 제시된 것이다. 그리고 그 과정에서 생태주의가 환경문제에 대한 일반인의 관심을 확대시킨 점에서 환경 운동에 일정 정도 기여한 것은 사실이다. 왜냐하면 환경에 대한 관심이 없이는 환경문제를 해결하기 위한 인식과 실천의 심화나 확대는 불가능하기 때문이다. 또한 생태주의가 표방하는 유기체적 세계관은 서구 사회에서 가치관의 대전환을 의미하는 매우 획기적인 시도이기도 하다.

그러나 생태주의(生態主義)가 현대 산업사회의 환경문제를 해결할 수 있는 유일한 이론적 대안이나 실천적 대안이 되기에는 많은 문제를 안고 있다. 예를 들어 자연과 인간의 추상적 합일(抽象的 合一)이나 조화(調和)를 제시하는 것만으로는 현대 환경문제의 구체적인 문제 해결에 도움이 되지 않는다고 할 수 있다. 오히려 생태주의적 세계관이 자연에 대한 전면적 이해를 방해할 수도 있다는 점에 유의할 필요가 있다. 그리고 인류의 역사 발전에 대한 보수적 세계관(保守的 世界觀)이 남아 있는 한, 생태주의는 현실적 적합성을 상실한 논의가 될 수밖에 없다. 나아가 자연에 대한 생물학적 이해를 인간

사회에 그대로 적용하여, 생태주의가 사회의 불평등(不平等)한 인간 관계(人間 關係)를 옹호(擁護)하는 지배 이데올로기가 될 수도 있다는 점을 경계하지 않으면 안 된다. 특히 우리 사회는 '전통적 인습(傳統的 因襲, Traditional Convention)'을 철저히 극복하지 못했고, '근대적 기획(近代的 企劃, Modern Project)'을 제대로 실현시키지도 못한 상태이다. 따라서 생태주의의 유기체적 세계관의 경우 비판적으로 수용하는 자세가 필요한 것이다.

앞으로 현재의 상태가 지속된다면 인간은 지금보다 더욱 심각한 환경 위기에 직면할 것으로 전망된다. 이러한 상황에서 환경문제를 근본적(根本的)으로 해결(解決)하기 위해서는 자연(自然)에 대한 인간(人間)의 인식(認識)과 실천(實踐)이 보다 심화(深化)될 필요가 있다. 이러한 과정은 자연 법칙에 대한 보다 철저한 파악뿐만 아니라 인간 사회에 대한 정확한 이해가 요구되는 것이다. 자연 환경의 문제를 단지 자연의 문제나 과학기술의 문제로만 환원하려는 것은 환경문제에 대한 근본적인 해결 방법이 아니다. 왜냐하면 환경문제는 기본적으로 사회(社會)의 구조적 모순(構造的 矛盾)과 매우 밀접한 연관이 있기 때문이다. 그러므로 현대 환경문제를 사회(社會)의 구조적 모순(構造的 矛盾)에서 규명하는 일은 매우 가치 있는 작업이다. 또한 현대 환경문제가 근대 사회의 부산물이라는 점에서, 근대성(近代性, Modernity)의 문제에 대한 본격적인 연구는 절실한 시대적 과제라 할 수 있다.

參考文獻

Ⅰ. 原典類

明 王守仁 撰, 錢德洪 等 編: 王文成全書, 景印文淵閣四庫全書, 臺北: 臺灣商務印書館, 1983.

明 馮琦 原編, 陳邦瞻 增輯: 宋史紀事本末, 景印文淵閣四庫全書, 臺北: 臺灣商務印書館, 1983.

明 曹端 撰: 太極圖說述解, 景印文淵閣四庫全書, 臺北: 臺灣商務印書館, 1983.

明 胡廣 等 撰: 書經(書傳大全), 서울: 成均館大 大東文化研究院, 1984.

明 胡廣 等 撰: 詩經(詩傳大全), 서울: 成均館大 大東文化研究院, 1984.

明 胡廣 等 撰: 禮記(禮記集說大全), 서울: 成均館大 大東文化研究院, 1985.

明 胡廣 等 撰: 易經(周易傳義大全), 서울: 成均館大 大東文化研究院, 1984.

宋 邵雍 撰: 皇極經世書, 景印文淵閣四庫全書, 臺北: 臺灣商務印書館, 1983.

宋 黎靖德 編: 朱子語類(8冊), 北京: 中華書局, 1994.

宋 張載 撰, 朱熹 注: 張子全書, 臺北: 臺灣商務印書館, 1968.

宋 程顥·程頤 撰, 宋 胡安國 編: 二程文集, 景印文淵閣四庫全書, 臺北: 臺灣商務印書館, 1983.

宋 程顥·程頤 撰, 宋 朱熹 編: 二程外書, 景印文淵閣四庫全書, 臺北: 臺灣商務印書館, 1983.

宋 楊時 編: 二程粹言, 景印文淵閣四庫全書, 臺北: 臺灣商務印書館, 1983.

宋 程顥·程頤 撰, 宋 朱熹 編: 二程遺書, 景印文淵閣四庫全書, 臺北: 臺灣商務印書館, 1983.

宋 晁貫之 撰: 墨經, 景印文淵閣四庫全書, 臺北: 臺灣商務印書館, 1983.

宋 周敦頤 撰: 周元公集, 景印文淵閣四庫全書, 臺北: 臺灣商務印書館,

1983.

宋 朱熹·呂祖謙 編, 宋 葉采 集解: 近思錄, 景印文淵閣四庫全書, 臺
　　北: 臺灣商務印書館, 1983.

宋 朱熹 集註: 經書(大學·論語·孟子·中庸), 서울: 成均館大 大東文
　　化研究院, 1990.

魏 王弼 注: 老子道德經, 景印文淵閣四庫全書, 臺北: 臺灣商務印書館, 1983.

周 公孫龍 撰: 公孫龍子, 景印文淵閣四庫全書, 臺北: 臺灣商務印書館, 1983.

周 墨翟 撰: 墨子, 景印文淵閣四庫全書, 臺北: 臺灣商務印書館, 1983.

周 荀況 撰, 唐 楊倞 註: 荀子, 景印文淵閣四庫全書, 臺北: 臺灣商務印
　　書館, 1983.

周 列禦寇 撰, 晉 張湛 注: 列子, 景印文淵閣四庫全書, 臺北: 臺灣商
　　務印書館, 1983.

周 左丘明 撰, 晉 杜預 注: 春秋(春秋左傳), 서울: 成均館大 大東文化
　　研究院, 1985.

周 韓非 撰, 元 何犿 注: 韓非子, 景印文淵閣四庫全書, 臺北: 臺灣商
　　務印書館, 1983.

晉 葛洪 撰: 抱朴子內外篇, 景印文淵閣四庫全書, 臺北: 臺灣商務印書
　　館, 1983.

晉 郭象 撰: 莊子注, 景印文淵閣四庫全書, 臺北: 臺灣商務印書館, 1983.

秦 呂不爲 撰, 漢 高誘 註: 呂氏春秋, 景印文淵閣四庫全書, 臺北: 臺
　　灣商務印書館, 1983.

淸 李光之·熊賜履 編: 朱子全書, 景印文淵閣四庫全書, 臺北: 臺灣商
　　務印書館, 1983.

漢 董仲舒 撰: 春秋繁露, 景印文淵閣四庫全書, 臺北: 臺灣商務印書館, 1983.

漢 班固 撰, 唐 顏師古 註: 漢書, 景印文淵閣四庫全書, 臺北: 臺灣商
　　務印書館, 1983.

漢 王充 撰: 論衡, 景印文淵閣四庫全書, 臺北: 臺灣商務印書館, 1983.

漢 司馬遷 撰: 史記, 景印文淵閣四庫全書, 臺北: 臺灣商務印書館, 1983.

漢 劉安 撰, 高誘 註: 淮南鴻烈解, 景印文淵閣四庫全書, 臺北: 臺灣商

務印書館, 1983.

漢 許愼 撰, 徐鉉 校定: 說文解字, 香港: 中華書局, 1989.

Ⅱ. 單行本類

加納喜光: 中國醫學の 誕生(1987), 중국의학과 철학, 한철연 기철학분과 역, 서울: 여강, 1991.

葛榮晋: 道家文化與現代文明, 北京: 中國人民大學, 1991.

葛榮晋: 中國哲學範疇史, 哈爾濱: 黑龍江人民出版社, 1987.

姜國柱: 中國認識論史, 鄭州: 河南人民出版社, 1989.

見田石介: 科學論(1976), 자본론의 연구 방법론, 양재혁 역, 서울: 나라 사랑, 1989.

高令印: 朱熹事迹考, 上海: 上海人民出版社, 1987.

顧頡剛: 漢代學術史略(1935), 중국고대의 방사와 유생, 이부오 역, 청주: 온누리, 1991.

郭沫若: 十批判書(1945), 중국 고대 사상사, 조성을 역, 서울: 까치, 1991.

金谷治 외: 思想史(1967), 중국사상사, 조성을 역, 서울: 이론과 실천, 1986.

金觀濤·劉青峯 공편: 問題與方法集(1986), 중국문화의 시스템론적 해석, 김수중 외 공역, 서울: 천지, 1994.

김영식 편: 역사 속의 과학, 서울: 창작과 비평사, 1982.

김영식 편: 중국 전통문화와 과학, 서울: 창작과 비평사, 1986.

김충렬: 중국철학산고Ⅱ, 청주: 온누리, 1988.

南本正繼: 宋明時代儒學思想の 硏究, 柏: 廣池學園事業部, 1962.

大濱晧: 朱子の 哲學, 東京: 東京大出版會, 1983.

大濱晧: 중국 고대의 논리, 김교빈 외 공역, 서울: 동녘, 1993.

大塚久雄: 社會科學の 方法(1975), 베버와 마르크스, 임반석 역, 서울: 신서원, 1990.

더크 보드: 중국인은 무엇을 생각하고 어떻게 살아왔는가, 이명수 역, 서울: 여강, 1991.

島田虔次: 주자학과 양명학, 김석근·이근우 공역, 서울: 까치, 1986.

董光璧: 當代新道家(1991), 도가를 찾아가는 과학자들, 이석명 역, 서울: 예문서원, 1994.

라이너 그룬트만: 마르크스주의와 생태학, 박만준·박준건 공역, 서울: 동녘, 1994.

막스 베버: 유교와 도교, 이상률 역, 서울: 문예출판사,1990.

막스 베버: 프로테스탄티즘의 윤리와 자본주의 정신, 박성수 역, 서울: 문예출판사, 1988.

막스 쉘러: 인간의 지위, 최재희 역, 서울: 박영사, 1976.

牟宗三: 中國哲學十九講(1983), 중국철학특강, 정인재 외 역, 서울: 형설출판사, 1985.

毛澤東: 毛澤東選集(全四卷), 北京: 人民出版社, 1991.

武內義雄: 中國思想史(1936), 이동희 역, 서울: 여강, 1987.

미르치아 엘리아데: 샤마니즘, 이윤기 역, 서울: 까치, 1992.

민두기 편: 중국사 시대구분론, 서울: 창작과 비평사, 1984.

박성래 편: 중국과학의 사상, 서울: 전파과학사, 1978.

復旦大學歷史系 合編: 儒家思想與未來社會, 上海: 上海人民出版社, 1991.

福井文雅: 歐米の 東洋學と 比較論, 東京: 隆文館, 1991.

山本命: 宋時代儒學の 倫理學的 硏究, 東京: 理想社, 1973.

山田慶兒: 朱子の 自然學, 東京: 岩波書店, 1978.

三浦國雄: 朱子(1979), 인간 주자, 김영식·이승연 공역, 서울: 창작과 비평사, 1996.

서울대동양사학연구실 편: 강좌중국사(전7권), 서울: 지식산업사, 1989.

松島隆裕 외: 槪說 東亞細亞思想史(1982), 동아시아사상사, 서울: 한울, 1991.

소비에트과학아카데미 철학연구소 편: 세계철학사Ⅱ, 이을호 편역, 서울: 중원문화, 1988.

束景南: 朱子大傳, 泉州: 福建敎育出版社, 1992.

송두율: 계몽과 해방, 서울: 한길사, 1988.

松本雅明: 中國古代における 自然思想の 展開, 熊本: 松本雅明還曆記
　　　念出版會, 1973.

송영배: 중국사회사상사, 서울: 한길사, 1986.

守本順一郎: 동양정치사상사 연구, 김수길 역, 서울: 동녘, 1985.

狩野直喜: 中國哲學史(1953), 오이환 역, 서울: 을유문화사, 1986.

슈미츠 코바르칙: 자연에 관한 철학적 탐구, 이종관 역, 서울: 철학과 현
　　　실사, 1994.

스털링 P. 램프레히트: 서양철학사, 서울: 을유문화사, 1985.

신과학연구회 편: 신과학운동, 서울: 범양사, 1986.

沈銘賢·王森洋 主編: 科學哲學導論, 上海: 上海敎育出版社, 1991.

아도르노·호르크하이머 공저: 계몽의 변증법, 김유동 외 역, 서울: 문예
　　　출판사, 1995.

아서 O. 러브죠이: 존재의 대연쇄, 차하순 역, 서울: 탐구당, 1992.

안병주: 유교의 민본사상, 서울: 성대 출판부, 1987.

앤드루 돕슨: 녹색정치사상, 정용화 역, 서울: 민음사, 1993.

梁啓超·馮友蘭 외: 음양오행설의 연구, 김홍경 편역, 서울: 신지서원, 1993.

梁啓超: 淸代學術槪論(1921), 小野和子 譯, 東京: 平凡社, 1974.

양재혁: 동양사상과 마르크시즘, 서울: 일월서각, 1987.

양재혁 외 공편: 중국철학강의, 서울: 돌베개, 1990.

양재혁: 장자와 모택동의 변증법, 서울: 이론과 실천, 1989.

에드워드 세드: 오리엔탈리즘, 박홍규 역, 서울: 교보문고, 1991.

엥겔스: 포이에르바하와 독일고전철학의 종말(1886), 양재혁 역, 서울: 돌
　　　베개, 1987.

우기동·이병수 공저: 철학의 철학사적 이해, 서울: 돌베개, 1991.

友枝 龍太郎: 朱子の 思想形成(改訂版), 東京: 春秋社, 1978.

劉夢義·陶德榮 共著: 中國當代哲學史橋(1987), 김문용 역, 서울: 이성과
　　　현실사, 1991.

유진 오덤: 생태학, 이도원 외 역, 서울: 민음사, 1995.

李匡武 主編: 中國邏輯史, 蘭州: 甘肅人民出版社, 1989.

이매뉴얼 월러스틴 외: 사회과학의 개방, 서울: 당대, 1996.

이운구·윤무학: 묵가철학연구, 서울: 성대 대동문화연구원, 1995.

이운구: 중국의 비판사상, 서울: 여강, 1987.

이정전: 녹색경제학, 서울: 한길사, 1994.

이춘식 편: 동아사상의 보수와 혁신, 서울: 신서원, 1995.

仁井田陞: 中國法制史, 東京: 岩波書店, 1952.

仁井田陞: 中國社會の 法と 倫理, 東京: 弘文堂, 1954.

林慶彰 主編: 朱子學硏究書目, 臺北: 文津出版社, 1992.

任繼愈 主編: 中國哲學史(1978), 이문주·최일범 공역, 서울: 청년사, 1989.

자크 제르네: 전통중국인의 일상생활, 김영제 역, 서울: 신서원, 1995.

張岱年: 中國倫理思想硏究, 上海: 上海人民出版社, 1989.

張岱年: 中國唯物主義思想簡史(修訂本, 1981), 중국유물사상사, 최형식
       역, 서울: 이론과 실천, 1989.

張岱年: 中國哲學大綱(1958), 再版, 北京: 中國社會科學出版社, 1982.

張岱年: 中國哲學史方法論發凡(1983), 중국철학방법론, 양재혁 외 공역,
       서울: 이론과 실천, 1988.

張立文 主編: 氣(1990), 기의 철학 (상·하), 김교빈 외 공역, 서울: 예문
       지, 1992.

張立文 主編: 道, 北京: 中國人民大學出版社, 1987.

張立文 主編: 心, 北京: 中國人民大學出版社, 1993.

張立文 主編: 理, 北京: 中國人民大學出版社, 1991.

張立文: 朱熹思想硏究, 北京: 中國社會科學出版社, 1981.

張立文: 中國哲學邏輯結构論, 北京: 中國社會科學出版社, 1989.

蔣禮鴻: 목록학과 공구서, 심경천 역, 서울: 이화문화사, 1992.

藏原惟人: 역사속의 변증법(1984), 중국 고대철학의 세계, 김교빈 외 공역,
       서울: 죽산, 1991.

張傳璽 主編: 中國古代史綱 下, 北京: 北京大出版社, 1989.

赤塚忠 외: 중국사상개론, 조성을 역, 서울: 이론과 실천, 1987.

鄭家棟: 現代新儒學槪論(1990), 현대신유학, 한철연 논전사분과 공역,
    서울: 예문서원, 1993.

조셉 니담: 중국의 과학과 문명 Ⅰ-Ⅲ, 이석호 외 공역, 서울: 을유문화
    사, 1985-1988.

陳　來: 宋明理學, 遼寧: 遼寧人民出版社, 1990.

陳　來: 朱熹哲學硏究, 北京: 中國社會科學出版社, 1987.

陳榮捷: 朱子新探索, 臺北: 臺灣學生書局, 1988.

陳榮捷: 新儒學論集, 臺北: 中硏院文哲所, 1995.

陳定閎: 中國社會思想史, 北京: 北京大學出版社, 1990.

蔡仁厚: 宋明理學, 臺灣: 學生書局, 1980.

최병두: 환경사회이론과 국제환경문제, 서울: 한울, 1995.

카프라: 새로운 과학과 문명의 전환, 이성범 외 공역, 서울: 범양사, 1985.

카프라: 탁월한 지혜, 홍동선 역, 서울: 범양사, 1989.

카프라: 현대물리학과 동양사상, 이성범 외 공역, 서울: 범양사, 1994.

케언즈: 동양과 서양의 만남, 이성기 역, 안양: 평단문화사, 1984.

코프닌: 마르크스주의 인식론, 김현근 역, 서울: 이성과 현실사, 1988.

平田淸明: 사회사상사, 장하진 역, 서울: 한울출판사, 1982.

폴 A. 코헨: 미국의 중국근대사 연구, 장의식 외 공역, 서울: 고려원, 1995.

馮　契 외: 中國哲學範疇集, 北京: 人民出版社, 1985.

馮友蘭: 新原道(1947), 중국철학의 정신, 곽신환 역, 서울: 서광사, 1993.

馮友蘭: 中國哲學史 上下, 北京: 中華書局, 1961.

馮　寓: 天人關係論, 김갑수 역, 서울: 신지서원, 1993.

夏甄陶: 中國認識論思想史 上, 北京: 中國人民大學出版社, 1992.

한국불교환경교육원 편: 동양사상과 환경문제, 서울: 모색, 1996.

한국철학사상연구회 편: 현대중국의 모색, 서울: 동녘, 1992.

헤　겔: 역사철학강의 Ⅰ, 김종호 역, 서울: 삼성출판사, 1982.

叶世昌: 中國經濟思想簡史 中, 上海: 上海人民出版社, 1983.

胡　適: 中國哲學史大綱 上(1919), 중국고대철학사, 송긍섭 외 역, 서울:
    대한교과서(주), 1990

화이트헤드: 과정과 실재, 오영환 역, 서울: 민음사, 1991.

화이트헤드: 과학과 근대세계, 오영환 역, 서울: 삼성출판사, 1982.

丸山眞男: 日本政治思想史硏究(1952), 김석근 역, 서울: 통나무, 1995.

후레드릭 모오트: 중국문명의 철학적 기초, 권미숙 역, 서울: 인간사랑, 1991.

侯外廬 主編: 中國近代哲學史, 北京: 人民出版社, 1978.

侯外廬 主編: 中國思想史綱 上下, 北京: 中國靑年出版社, 1980.

侯外廬 主編: 中國思想通史(全五卷), 北京: 人民出版社, 1957–1960.

A. C. Graham: *Two Chinese Philosophers*, London: LRL, 1978.

A. C. Graham: *Yin–Yang and the Nature of Correlative Thinking*, Kent Riddge: Institute of East Asian Philosophies, 1986.

Daniel K. Gardner: Chu Hsi Learning to Be a Sage, Berkeley: University of California Prass, 1990.

Ernst Cassirer: The Logic of the Humanities(1960), 人文科學的論輯, 北京: 中國人民大學, 1991.

Fung, Yu–Lan: *A History of Chinese Philosophy* Ⅰ–Ⅱ, tr. Derk Bodde Princeton: Princeton University Press, 1937–1952.

Fung, Yu–Lan: *A Short History of Chinese Philosophy,* New York: Macmillan, 1948.

Joseph Needham: *Science and Civilisation in China* Vol. Ⅰ–Ⅲ, Cambridge: Cambridge University Press, 1954–1959.

Joseph R. Levenson: *Confucian China and Its Mordern Fate,* Berkeley: Univerty of California Press, 1966.

Hans Lenk and Gregor Paul ed: Epistemological Issues in Classical Chinese Philosophy, New York: State University of New York Press, 1993.

Marcel Granet: *Das chinesische Denken(1963)*, München: dtv Nr. 4362, 1980.

Silke Krieger, Rolf Trauzettel ed: *Confucianism and the Modernization of China,* Mainz: v. Hase & Koehler Verlag, 1991.

Thomas A. Metzger: *Escape from Predicament*, New York: Columbia University Press, 1977.

Wm. Theodore de Bary: *The Liberal Tradition in China*, New York: Columbia University Press, 1983.

Ⅲ. 論文類

곽신환: "주역의 자연과 인간에 관한 연구", 성대 박사학위논문, 1987.

그레고르 파울: "관념철학과 신유학의 기본적 문제점들", 현대중국연구 제 1호, 성대 현대중국연구소, 1992.

金谷治: "陰陽五行說的創立", 于時化 譯, 中國哲學史硏究 32期, 中國 社會科學院, 1988.

김교빈: "본체론과 심성론을 통해 본 주자의 격물치지 이해", 동양철학 연구 제6집, 동양철학연구회, 1985.

김교빈 외: "신과학 운동 비판", 시대와 철학 제2호, 동녘, 1991.

羅 光: "朱熹的形上結構論", 中國哲學史硏究 12期, 中國社會科學院, 1983.

唐明邦: "周易象數與古代科學", 中國哲學史硏究 33期, 中國社會科學院, 1989.

董光壁: "中國古典哲學與現代自然哲學", 中國哲學史硏究 20期, 中國社 會科學院, 1985.

车宗三: "王弼易學之史迹", 中國哲學史硏究 33期, 中國社會科學院, 1989.

蒙培元: "墨,荀心性論的特質及其比較", 中國哲學史硏究 35期, 中國社 會科學院, 1988.

박상환: "라이프니쯔와 그의 「중국철학에 관한 논고」", 현실인식과인간 해방, 들불, 1993.

박상환: "유기체사유에 대한 비교철학적 고찰", 대동문화연구 29, 성대 대동문화연구원, 1994.

박상환: "주역과 라이프니쯔", 대동문화연구 28, 성대 대동문화연구원, 1993.

박준건 외: "생태적 위기와 철학", 시대와 철학 제5호, 동녘, 1992.

方克立: "理與氣", 中國哲學史, 中國人民大學校, 1983.

福井文雅 編: "西方文獻中對'氣'的飜譯", 李存山 譯, 魏常海 校, 中國哲學史研究 25期, 中國社會科學院, 1986.

上山春平: "朱子的人性論與禮論", 中國哲學史研究 24期, 中國社會科學院, 1986.

徐遠和: "略論二程的直覺觀", 中國哲學史研究 35期, 中國社會科學院, 1989.

石倬英: "朱熹的理與黑格你的絶對理性", 中國哲學史, 中國人民大學校, 1985.

안병주: "산업사회와 유교적 인간관", 인문과학 제5호, 성대 인문과학연구소, 1976.

안병주: "유교의 자연관과 인간관", 퇴계학보 75·6집, 퇴계학연구원, 1993.

안병주: "주자의 '尊孟辨'의 의미", 유교사상연구 1, 유교학회, 1986.

양재혁: "성리학의 문제", 한국사상대계 Ⅳ, 성대 대동문화연구원, 1984.

양재혁: "역사적 근거에서 본 중국철학과 서양철학의 차이점", 인문과학 15, 성대 인문과학연구소, 1986.

양재혁: "이황의 '경철학'의 연원과 그 변화", 대동문화연구 25, 성대 대동문화연구원, 1990.

王　明: "論先秦天人關係", 中國哲學史研究 21期, 中國社會科學院, 1985.

유병구: "서구근세사에 있어서의 중국사상의 역할", 성대 박사학위논문, 1992.

유승국: "동양사상의 특수성과 보편성", 동양학술회의 논문집, 성대 대동문화연구원, 1975.

劉榮榮: "老子認識論思想新探", 中國哲學史研究 30期, 中國社會科學院, 1988.

劉長林: "呂氏春秋的整體結枸思想", 中國哲學史研究, 16期, 中國社會科學院, 1984.

윤무학: "묵가의 명학에 관한 연구", 성대 박사학위논문, 1991.

윤영식: "송대 신유학에서 철학적 쟁점의 연구, 서울대 박사학위논문, 1993.

李杰臣: "王陽明朱熹格物觀差異之討論", 敦玉林 譯, 中國哲學史研究 32

期, 中國社會科學院, 1988.

이동희: “주자학의 철학적 특성과 그 전개양상에 관한 연구”, 성대 박사
　　　학위논문, 1990.

里　文: “關于朱熹卜筮之謎的考釋”, 中國哲學史硏究 20期, 中國社會科
　　　學院, 1985.

이운구: “논형에 나타난 왕충의 비판의식”, 대동문화연구 19, 성대 대동
　　　문화연구원, 1985.

이운구: “묵가적 기술의 성격과 과학의식 비판”, 대동문화연구 29, 성대
　　　대동문화연구원, 1993.

이철승: “왕부지와 애사기 철학에 나타난 인식과 실천의 문제”, 성대 박
　　　사학위논문, 1995.

임옥균: “대진철학에 나타난 ‘주자학적 사유의 비판’에 관한 연구”, 성
　　　대 박사학위논문, 1994.

張岱年: “中國哲學中‘天人合一’思想的剖析”, 中國哲學史, 中國人民大
　　　學校, 1985.

張立文: “論周敦頤的陰陽五行學說”, 中國哲學史, 中國人民大學校, 1983.

張立文: “朱熹易學思想辨析”, 中國哲學史硏究 10期, 中國社會科學院, 1983.

錢　穆: 朱子學提綱, 臺北: 三民書局, 1971.

鄭家棟: “現代新儒家槪念及其他”, 中國哲學史硏究 33期, 中國社會科學院,
　　　1989.

程宣山: “張載哲學是唯物論”, 中國哲學史 , 中國人民大學校, 1985.

鄭如心: “王充的哲學思想與漢代的氣象學”, 中國哲學史硏究 18期, 中國社
　　　會科學院, 1985.

鄭如心: “王充的哲學思想與漢代的氣象學”, 中國哲學史硏究 18期, 中國
　　　社會科學院, 1985.

周乾灤: “董仲舒的天道觀辨析”, 中國哲學史硏究 30期, 中國社會科學
　　　院, 1988.

周云之: “‘白馬非馬’決不是詭辯命題”, 中國哲學史硏究 27期, 中國社會
　　　科學院, 1987.

陳　來: "關于程朱理氣學說兩條資料的考證", 中國哲學史研究 11期, 中國社會科學院, 1983.

陳榮捷: "孔子人文主義導言", 中國哲學史研究 13期, 中國社會科學院, 1983.

陳榮捷: "朱,陸通訊詳述", 中國哲學史研究 12期, 中國社會科學院, 1983.

焦樹安: "試論當前比較哲學硏究中的幾個問題", 中國哲學史研究 17期, 中國社會科學院, 1984.

崔龍水: "朝鮮學術界對中國哲學史的一些評論", 中國哲學史研究 13期, 中國社會科學院, 1983.

최형식: "유교윤리의 존재론화와 그 영향에 대한 연구", 성대 박사학위논문, 1995.

馮友蘭: "中國古典哲學的意義", 中國哲學史研究 19期, 中國社會科學院, 1985.

홍원식: "정주학의 거경궁리설 연구", 고려대 박사학위논문, 1993.

後藤延子: "朱子學硏究の 現狀の 課題", 歷史學硏究 421號, 1975.

A. S. Cua: *Li and moral justification: A study in the Li Chi,* Philosophy East and West, vol.33, Honolulu: University of Hawaii, 1983.

Bak Sang Hwan: *Chinesische philosophie bei Leibniz ein Vergleich der Naturkonzepte* Gießen: 1992.

Holmes Rolston Ⅲ: *Can the East Help the West to Value Nature,* Philosophy East and West, vol.37, Honolulu: University of Hawaii, 1987.

Hu Shih: *The Scientific Spirit and Method in Chinese Philosophy,* Philosophy East and West, vol.9, Honolulu: University of Hawaii, 1959.

James T. C. Liu: *How did a Neo－Confucian School become the State Orthodoxy,* Philosophy East and West, vol.23, Honolulu: University of Hawaii, 1973.

Rodney L. Taylor: *Proposition and Praxis: The Dilemma of Neo－Confucianism Syncretism,* Philosophy East and West, vol.32, Honolulu: University of Hawaii, 1982.

Siu-chi Huang: *Chang Tsai's Concept of Ch'i*, Philosophy East and West, vol.18, Honolulu: University of Hawaii, 1968.

Steven J. Bennett: *Chinese Science: Theory and Practice*, Philosophy East and West, vol.28, Honolulu: University of Hawaii, 1978.

Wing-tsit Chan: *Neo-Confucianism and Chinese Scientific Thought*, Philosophy East and West, vol.6, Honolulu: University of Hawaii, 1957.

Wing-tsit Chan: *The Evolution of the Neo-Confucian Concept Li as Principle*, Tsing Hua Journal of Chinese Studies 4, Taipei: 1964.

ABSTRACT

A Study on the Nature Concept of Neo－Confucianism in Song Age.

Kim, Won Yeol

This thesis is written for the purpose of analyzing organic Nature concepts of Neo－Confcianism(新儒學) in Song Age(宋代). By the way Neo－Confucianism is a traditional thought in past China. It has ruled a chinese society for 700 years since 12 century. As a traditional philosophy, Neo－Confucianism is a very important ideology of a modern environmental crisis. For it is like a modern ecology as an environmental movement. In advanced nations, ecology is from a sincere practice for overcoming ecosystem problems of the society. And in the process many sinologists have attended organic thoughts of chinese mythic philosophies. For instance, Taoism(道教), Buddism(佛教) or Neo－Confucianism often has been cited by sinologists.

Especially Joseph Needham(chinese name, 李約瑟: 1900－1995), a historian of chinese science－technology, had prescribed Neo－Confucianism an excellent organism. I agree with Joseph Needham who called Neo－Confucianism organic thoght. But I do not think that Neo－Confucianism is an useful method for modern social problems.

Because it is not a modern organism but a traditional speculation. In conclusion this study is the result of criticizing Neo—confucianism in Song Age. This paper is divided into six chapters.

In first chapter, before taking up the main subject, I deal with different problems of study as an introduction. For example there are aim, sphere and method of this thesis. Above all methodic propositions the most important thing is an unification of analysis and synthesis. Therefore on the one hand systematically Neo—Confucianism's major Nature concepts like Li(理), Qi(氣), Tian(天), etc. are analysed in history of chinese thought, and on the other hand the fact that Nature concept of Neo—confucianism is not only a natural organism but also a social ideology is synthesized. Finally chapters of this paper are introduced to readers from 2nd chapter to 6th chapter. And as following main subjects are treated.

In second chapter, ancient chinese Nature concepts divided into three types. That is, they are primitive, enchanting and scientific Nature concepts. And a primitive concept of Nature(Tian: 天) has a tendency to do with two Nature concepts. In other word a primitive Nature concept has duplicate meanings. One is to recognize Nature as a subjective personification, the other is to percept Nature as a objective itself. The former develops into enchanting Nature concept, the latter develops into scientific Nature concept. A enchanting concept of Nature is Tian Ren He Yi(天人合一), a scientific concept of Nature is Tian Ren Zhi Fen(天人之分). For all that an enchanting concept became the main current, but a scientific concept remained to be the branch stream in premodern society of China.

In third chapter, Neo−Confucianism's main concept of Nature, Li (理)・Qi(氣), is analyzed. And it is redefined as a new meaning. For example, Li is not Law, Idea, but Principle of natural and social oder. Also Qi is matter or material energy. Li and Qi concepts show a viewpoint of Nature in Song age. In particular Zhu Xi(朱熹: 1130−1200) explained movements of nature with Li and Qi. And he made a distinction between Li and Qi, endowed Li with the best value. In other words Zhu Xi regarded Li as right, but Qi as wrong. Like this Li or Qi concept is a main category in Neo−Confucianism.

In fourth chapter, Nature concept of Neo−Confucianism is defined as organic thought. Because Neo−Confucianism has three foundations. First, in Song Age Neo−Confucianists regarded to Nature as a Whole. In other words Nature is not a Part but a Whole to them. And a human being is a microcosmos, not an exception being. a human being is in a whole Nature. Also this logic is a reflection of Gemeinschaft in Song Age. Second, Neo−Confucianists understood Nature an interdependent relation. It is different from a mechanic relation. For instance, Yin(陰) do not be isolated from Yang(陽). Yin and Yang is not only two attributes of a matter, but also an interdependent relation. Therefore this logic of an interdependent viewpoint is not formal logic but a dialectic logic. And it is an aspiration of a grand harmony as well. Third, Neo−Confucianist meditated Nature a hierarchical system. For example, Nature has a hierarchy like Tai Ji (太極)・Yin Yang(陰陽)・Wu Xing(五行)・Wan Wu(萬物). Tai Ji is the summit, Wan Wu is the basis of the pyramid structure. Also organic

Nature of Neo－Confucianists is to analogizing a social order. So Tai Ji is that symbolizes an emperor in Song period. In fact Nature of Neo－Confucianists implies a social value. In the end Nature concept of Neo－Confucianism is expanded to a medieval ideology.

In fifth chapter, I criticize the organic Nature of Neo－Confucianism. The critique is accomplished in many spheres. Above all Neo－Confucianism is an eclecticism. Because it does not distinguish a human being from Nature. And it emphasizes a synthesis than an analysis. However a modern science needs analytic methods. Therefore Neo－Confucianism didn't develop to a modern science(or Wissenschaft). And in chinese history Neo－Confucianism became a medieval ideology. One side this means that was suited to a chinese society, the other side this means that legitimated a medieval government. By the way with the changing of a society, thought changes. Also with changing of thought, a society changes. Similarly Neo－Confucianism is a production of chinese social changes. And with changing of Neo－Confucianism, a chinese society had changed.

Finally sixth chapter is a conclusion of this thesis. In sixth chapter, for the readers, I summarize the main subjects from 2nd chapter to 5th chapter. And modern meanings of Neo－Confucianism are appraised with an ecology. Though Neo－Confucianism is an organic thought, it doesn't fit to solution of environmental crisis. Since modern environmental problems need high powered sciences and technologies. Also they need a solution of structure problems. However this study must be a complex theme. Especially tradition and modernity will be very important subject in following study.

색 인

저자소개

김원열(金元烈)

서울 을지로에서 우량아로 태어났고 어린 시절 천진난만하게 자랐으며 청소년 시기 삶과 죽음의 문제에 골몰했다. 철학에 관심을 갖고 성균관대학교 동양철학과에서 학부 및 대학원 석박사 과정을 마쳤으며 특히 성대 양현재 기숙사 생활은 민족의 흥망성쇠를 자각하는 계기가 되었다. 문학석사 논문은 「송대 신유학의 자연 개념 연구」(1997)이고 철학박사 논문은 「중국 철학의 인간 개념 연구」(2004)이다.

박사 학위 취득 이후 한국철학사상연구회의 전임연구원으로 학술 활동을 하면서 주로 한국근현대의 철학 사상을 연구했으며, 대학강의는 성균관대, 한국기술교육대, 호서대 등에서 사회철학 관련 강의를 했다. 지난 몇 년간 새로운 인문학을 모색하는 과정에서 인문콘텐츠학회 이사로 활동하게 되었으며, 현재도 인문학과 콘텐츠의 융합적 만남에 대한 연구를 계속 진행하고 있다. 학술단체협의회 대외협력위원장을 역임했으며 현재 한양사이버대 교양학부 철학 교수로 재직 중이다.

주요 저서는 『중국 철학의 인간 개념 연구-인식방법의 전환을 중심으로』(한국학술정보, 2005), 『최제우의 동경대전』(삼성출판사, 2006), 『동북아시아 유교의 전통과 현대』(한국학술정보, 2007) 등이다. 또한 주요 논문은 「유교민주주의론에 대한 비판적 고찰」(2002), 「민중의 관점에서 바라본 문화대혁명」(2003), 「황도 유교의 사유체계와 방법론적 문제점에 대한 비판」(2004), 「동북아시아 삼국의 근대성에 대한 비판적 고찰」(2005), 「유교 윤리의 근대적 변형에 대한 비판적 고찰」(2006), 「유교 민주주의와 공동체 윤리관」(2006), 「한국의 비정규직 교수 문제에 대한 진단과 대안적 고찰」(2007) 등이다.

전자우편: bulgum@hycu.ac.kr

● 송대 신유학의 자연개념 연구

•초판 인쇄	2008년 1월 11일
•초판 발행	2008년 1월 11일
•지 은 이	김원열
•펴 낸 이	채종준
•펴 낸 곳	한국학술정보㈜
	경기도 파주시 교하읍 문발리 513-5
	파주출판문화정보산업단지
	전화 031) 908-3181(대표) · 팩스 031) 908-3189
	홈페이지 http://www.kstudy.com
	e-mail(출판사업부) publish@kstudy.com
•등 록	제일산-115호(2000. 6. 19)
•가 격	22,000원

ISBN 978-89-534-8087-2 93140 (Paper Book)
      978-89-534-8088-9 98140 (e-Book)